3 3052 01630 9223

AF713392

TarotAlexa

EL CAMINO DEL TAROT

Un viaje a través de los arcanos mayores

DIANA

© TarotAlexa, 2021

© Ilustraciones de la baraja del Tarot: LEMATCOMUNICACIONES SL
© Foto de la autora: Ana María Cabrera

© Editorial Planeta Colombiana S.A. 2021
Calle 73 n.º 7-60, Bogotá
www.planetadelibros.com.co

Primera edición: febrero de 2021
ISBN 13: 978-958-42-9257-5
ISBN 10: 958-42-9257-9

Impreso por: Editorial Nomos S.A.
Impreso en Colombia- *Printed in Colombia*

No se permite la reproducción total o parcial de este libro, ni su incorporación a un sistema informático, ni su transmisión en cualquier medio, sea este electrónico, mecánico, por fotocopia, por grabación u otros métodos, sin el permiso previo y por escrito del editor. La infracción de los derechos mencionados puede ser constitutiva de delito contra la propiedad intelectual.

Para Diego, Susana, Ana María,
Fabián y Maximiliano, las estrellas
que han guiado mi camino.

Índice

Un maestro llamado Tarot 9

El tarot: una historia misteriosa 13

Los cinco mitos sobre el tarot 17

Cómo leer este libro 21

EL MAGO 27
Inicio el camino con certeza

LA PAPISA 39
El tesoro está adentro

LA EMPERATRIZ 49
Expreso mi abundancia

EL EMPERADOR 59
Encuentro una estructura

EL PAPA 69
Sigo mi corazón

EL ENAMORADO 79
El amor es mi herencia

EL CARRO 89
Me doy el permiso de realizarlo todo

LA JUSTICIA 101
Me hago justicia

EL ERMITAÑO 111
Honro mi camino

LA RUEDA DE LA FORTUNA 121
La vida siempre cambia, mi esencia no

LA FUERZA 133
El amor es mi poder

EL COLGADO 143
Soy rebelde, veo el mundo tal como es

EL ARCANO SIN NOMBRE 153
Muero para ser yo

TEMPLANZA 167
Reconozco la divinidad que me habita

EL DIABLO 177
Veo mi sombra

LA CASA DIOS 187
Descubro que las crisis son sagradas

LA ESTRELLA 199
Asumo mi brillo

LA LUNA 209
Me entrego al misterio

EL SOL 221
Me reconozco como hijo de Dios

EL JUICIO 231
Escucho el llamado de mi alma

EL MUNDO 241
Celebro y agradezco lo logrado

LE MAT 251
Soy libre: no soy nada y lo soy todo

Leer las cartas: tú y el tarot 261

El tarot y el viaje del alma 277

Gracias 279

Bibliografía 280

UN MAESTRO LLAMADO TAROT

Una certeza se instaló en mi corazón. Sin saber para qué, mi alma me pidió a gritos conocer el tarot. Tenía 21 años y jamás había estado en contacto con un mazo de cartas. Tampoco tenía ninguna información sobre el tema, pero algo me empujó a descubrir qué escondían esas imágenes. El deseo de conectarme con ellas y conocer sus secretos movió poderosamente algo en mi interior.

Intuía que el tarot era un camino sagrado y no entendía por qué la mayoría de la gente lo veía como algo maligno o lo usaba como un oráculo que de manera irresponsable vaticinaba crisis, accidentes, envidias, peligros e infidelidades. Yo no quería adivinar nada; esa idea me ha aterrado siempre, pero sí quería sumergirme en un mundo desconocido que me seducía y me convocaba.

Cuando cumplí 22 años, el novio que tenía en ese momento me regaló mi primer tarot. Era un tarot astrológico, con imágenes muy bellas, que me abrió el camino a este conocimiento. Antes de comprar un libro que me enseñara o predeterminara mi manera de ver las cartas, quise relacionarme con ellas a mi manera. Observaba sus detalles, sus colores y su simbología. Trataba de conectarme con la información que encerraba cada arcano y, poco a poco, esas imágenes fueron siendo mías. No estaban en un papel, estaban vivas. Empezaron a danzar conmigo, a hablarme y a guiarme.

Sin embargo, sentía que algo faltaba. Meses después, una película cambió mi manera de entenderlo. Fue *La montaña sagrada* (1973), de Alejandro Jodorowsky. Al final del filme aparecía él, un hombre de barba blanca y voz afable, explicando el tarot de Marsella con una sensibilidad y respeto que jamás había escuchado. Me cautivó y, al día siguiente, compré su libro *La vía del tarot*. Como si la espiral diera otra vuelta, el día de mi cumpleaños número 24 recibí otro tarot. En esa ocasión mi hermana, sin saber que yo lo quería, me regaló el tarot de Marsella que en 1997 restauraron Alejandro Jodorowsky y Philippe Camoin. Las imágenes, tan distintas a las de mi tarot astrológico, me inspiraron de inmediato. En ese momento el tarot de Marsella se convirtió en mi maestro. Un maestro poderoso que me pedía mirarme completamente.

Así comencé un trabajo interior profundo, primero con los arcanos mayores (22 estados de conciencia que integraremos en este libro) y más tarde con los 56 arcanos menores (copas, bastos, espadas, oros y figuras de la corte: paje, reina, rey y caballero). Entendí que el tarot proponía una búsqueda psicológica honda y que cada arcano develaba un aspecto de mi inconsciente que algunas veces era sencillo asumir e integrar, y otras casi imposible de reconocer. Las resistencias aparecían, pero el tarot siempre me abría la puerta. Me enseñaba la manera de enfrentarlas, de atravesarlas y de tomarme completa.

Hoy sé que el tarot y yo hemos danzado juntos durante muchas vidas, y que lo que generalmente hacemos al acercarnos a estas herramientas sagradas es tan solo recordar. Cada arcano es un universo. El trabajo que plantea el camino del tarot es eterno y no conduce a conclusiones predeterminadas ni metas absolutas. Pero, ante todo, es un proceso amoroso que, si lo permitimos, nos sana y nos transforma intensamente.

Caminar con el tarot es atreverse a transitar por una vía de autoconocimiento y de realización. Después de caminar a su lado durante 17 años, aún me considero su discípula. Todos los días me enseña, me guía, me cuestiona y me ilumina. Y eso es lo que deseo que vivas tú también. La idea es que este libro se convierta en una herramienta para tu uso diario, que aprendas a familiarizarte con el lenguaje de los arcanos mayores y a usar su sabiduría en tu vida cotidiana.

Este viaje comienza con el arcano de El Mago y finaliza con *Le Mat*, conocido como El Loco. Pero en realidad, como lo verás, no se trata de un fin. El tarot no nos presenta un camino lineal ni dual. El tarot es un gran mandala y nos remite siempre a la unidad. Por lo tanto, el final de este libro solo será un nuevo comienzo para ti, uno que podrás emprender con toda la información que te darán los arcanos mayores y con el trabajo interior que, cada uno de ellos, te invita a realizar.

En cada capítulo descubrirás qué nos propone cada arcano, su simbología, sus sendas y el trabajo práctico que te sugiere. También encontrarás preguntas que espero que respondas porque, si bien el tarot contesta nuestras preguntas, también nos plantea las suyas. Cada arcano formula varios interrogantes y, al hacerlo, te lleva a cuestionar, ver o sanar diferentes aspectos de tu vida.

Sin embargo, dependerá de ti, y únicamente de ti, hacer el trabajo. Como ser humano autónomo decidirás realizar o no el proceso evolutivo que te proponen los arcanos. De corazón, espero que lo hagas. Que desde tu libre albedrío elijas el amor y te atrevas a verte desde la luz que te habita.

La idea no es llenarte de información y darle gusto únicamente a tu mente lógica. Por supuesto, conocer el significado y la simbología de los arcanos es importante, pero también lo es animarte a trabajar en ti, arriesgarte a soltar tus protecciones y darte cuenta de que, suceda lo que suceda en tu vida, siempre puedes elegir de nuevo. Trabajar en nosotros mismos es lo más amoroso que podemos hacer en este fragmento de vida. Atravesar eso que nos genera tanto miedo y resistencia, nos hace libres.

A medida que avanzas en las páginas de este libro, vas a darte cuenta de tus nudos y limitaciones, pero también de tus tesoros y del inmenso potencial que habita en ti. Vas a saber usar las cartas en tu vida diaria, aprenderás a preguntarle al tarot y, si estás dispuesto(a), recibirás sus regalos. Solo te pido una cosa: no hagas de las cartas un fetiche y, de una vez por todas, deja de lado la idea de que el tarot es brujería y adivinación. Respeta profundamente esta hermosa herramienta. Úsala para tu evolución y conciencia.

El tarot vive en mí, permite que viva en ti también. Anímate y recorramos juntos el sagrado camino del tarot.

EL TAROT: UNA HISTORIA MISTERIOSA

A partir de otras cosas nunca
extraerás la unidad,
a no ser que hayas logrado la
unidad en ti mismo

—**Gerhard Dorn***

Como todo lo sagrado, al tarot también lo envuelve un halo de misterio que mantiene gran parte de su historia y sus orígenes ocultos. Es tan antiguo que no es posible decir con precisión quién o quiénes lo crearon, cuándo y dónde surgió, y en qué momento empezó a utilizarse como una herramienta de conocimiento y transformación.

Nadie sabe tampoco el significado exacto de la palabra "tarot", aunque sí se conoce que de este nombre surgen más de veinte palabras místicas como Torá (texto sagrado del pueblo judío), oro, ora, rota y Aor (símbolo del reiki unitario que significa fuerza divina).

---

*Filósofo, alquimista y médico belga del siglo XVI.

Según Alejandro Jodorowsky y Marianne Costa, "la palabra 'tarot' sería egipcia (tar: camino; rog: real), indo-tártara (tan-tara: zodiaco), hebrea (torá: ley), latina (rota: rueda; orat: habla), sánscrita (tat: el todo; tar-o: estrella fija), china (tao: principio indefinible), etc."*.

Sin embargo, estoy convencida de que lo importante no está en la capacidad de develar con lupa su significado y su historia y que, por lo tanto, los detalles de su pasado resultan irrelevantes. Lo verdaderamente sustancial se encuentra en el tesoro espiritual que representan los arcanos, imágenes simbólicas que nos hablan de las vivencias más profundas de la experiencia humana, arquetipos que han sabido trascender el tiempo.

A través de los siglos el tarot ha sido utilizado de muchas maneras: como un método adivinatorio, como un divertido juego de salón, como una manera de revelar información oculta y como un camino sagrado de autoconocimiento. Diferentes grupos étnicos y religiosos han reclamado su paternidad. Los chinos, los griegos, los hebreos, los árabes, los hindúes, los cátaros y los gitanos aseguran que los orígenes del tarot se encuentran en su historia y su cultura.

Se dice que los sabios de las tres grandes religiones, judía, cristiana y musulmana (cuyo simbolismo aparece en el tarot de Marsella), preservaron los secretos sagrados de la humanidad en las cartas del tarot. Los más avezados creen que su origen se remonta a los tiempos de la antigua civilización de la Atlántida, otros afirman que nació con los mayas y los babilonios, mientras que otras corrientes le apuntan a los egipcios. Se ha dicho que los arcanos pertenecen a estados secretos de algún ritual iniciático en Egipto y que hacen parte de los jeroglíficos del legendario libro de Thot, dios de la sabiduría e inventor de la escritura.

Otras teorías sostienen que fue concebido por los albingenses, una secta gnóstica que floreció en el siglo XII en Francia, y que son las adaptaciones del libro de sonetos que el humanista y poeta

---

*Alejandro Jodorowsky y Marianne Costa, *La vía del tarot*. Barcelona, España: Random House Mondadori, 2006, p. 21.

Francesco Petrarca compuso para Laura (*I Triunfi*) en el siglo XIV, en los que cada uno de los personajes lucha y triunfa sobre el anterior. Sin embargo, los primeros datos concretos sobre el tarot surgen en la Edad Media, un tiempo en el que sus simbólicas imágenes se utilizaron para transmitir enseñanzas que no eran avaladas por la iglesia. Era a través de las imágenes que se podía acceder a una información mística y sagrada que estaba vedada para la mayoría de las personas.

Parece que su conocimiento se introdujo en el norte de Italia en el siglo XV. De allí proviene el tarot más antiguo del que hasta ahora se tenga registro: el tarot Visconti-Sforza, encargado al pintor Bonifacio Bembo por el duque de Milán a mediados del siglo XV, que hoy se encuentra en varias bibliotecas, museos y colecciones privadas alrededor del mundo. Se trata de un juego en el que aparecían arcanos como El Mago, La Emperatriz, El Carro y El Colgado. El Diablo y La Casa Dios no hacían parte de los triunfos; no se sabe si evitaron estas imágenes o si aún no habían sido incorporadas. Incluso se cree que el uso adivinatorio de las cartas surgió en esa época, cuando en las reuniones sociales era común pedirles a las doncellas y los caballeros que sacaran al azar una carta para conocer su destino.

Para muchos el verdadero origen del tarot nace en el sur de Francia con la aparición del popular tarot de Marsella durante los siglos XVII y XVIII. Desde ese momento, la estructura del tarot ha estado compuesta por los 22 arcanos mayores y los 56 arcanos menores que se conocen hoy en día.

Arcano viene de la palabra latina *arcanum*, que significa secreto, misterio, y es una puerta directa al inconsciente. Los arcanos nos proponen transitar un camino interior que nos conduce a ver lo que está oculto y empezar a sanar. A través de la simbología y la numerología de los arcanos, el tarot nos anima a conectarnos con nuestra verdad interior.

Los arcanos menores (oros, copas, bastos y espadas) trabajan aspectos cotidianos de la vida material, emocional, creativa, sexual e intelectual. Hablan de nuestras necesidades, deseos, emociones y pensamientos. Por su parte, los arcanos mayores describen el proceso humano de evolución espiritual. Sin embargo, es importante recalcar que ambos caminos (menores y mayores) se complementan. Nos ayudan a unir fragmentos para recuperar la unidad y reconocer otras dimensiones de nosotros mismos.

Para Gustav Jung, los arquetipos del tarot surgen del inconsciente colectivo. Por eso han trascendido el tiempo y hacen parte de las prácticas y creencias de diferentes pueblos y culturas que, a lo largo de la historia, han encontrado en el tarot un poderoso espejo del ser humano.

Aunque hoy existen más de 7000 versiones distintas del tarot, para mí, la verdadera esencia de los arcanos está en la simbología que nos entrega el tarot de Marsella, cuyas imágenes van más allá de lo personal y lo obvio como sucede en otras versiones. Su lenguaje es universal y nos invita a viajar profundamente dentro de nosotros mismos.

Estoy convencida de que el tarot es un camino de evolución y realización, una maravillosa guía para despertar del sueño de este mundo.

LOS CINCO MITOS SOBRE EL TAROT

Durante muchísimos años se han proyectado sobre el tarot varios mitos que han tergiversado el tesoro espiritual que nos entrega esta herramienta. Muchos lo han usado para propósitos de muy bajas frecuencias mientras otros han tenido pavor de acercarse a las cartas. Algunas personas aún creen que es una herramienta que viene del diablo y que consultar los arcanos es pecado. Pero nada de esto es cierto. Sé que cada vez más tarotistas y tarólogos* en el mundo entienden la verdadera esencia del tarot, pero tristemente en el inconsciente colectivo todavía existe un halo de oscuridad sobre este bello camino. Por eso quiero hablarte de los cinco mitos que hay que derribar de una vez por todas para que podamos tomar el regalo de conciencia y de luz que nos traen los arcanos.

---

*En esencia ambos términos se refieren a lo mismo y no hay uno mejor que otro. "Tarotista" es quien por oficio o hábito trabaja interpretando el tarot. "Tarólogo" es un término creado por Alejandro Jodorowsky para distanciarse de la condición adivinatoria del tarot. "Logo" hace referencia al estudio y conocimiento; por lo tanto, el tarólogo, además de leer las cartas, estudia el tarot y le da un uso terapéutico.

EL TAROT **es brujería**

La cultura popular tiene la idea de que las cartas representan algo diabólico y de que quien las lee es una especie de bruja que ha hecho un pacto con Satanás. Se piensa en un lugar oscuro, con velas negras y una mujer de uñas largas, tabaco en la boca y turbante. Por supuesto, es una imagen espantosa. No niego que haya personas que practiquen ese mal uso de las cartas y consultantes que busquen alimentarse de este tipo de energía, pero en su esencia y propósito divino el tarot no es brujería. No debe serlo ni nació para eso. Seguir pensando que asistir a una lectura de tarot es brujería es poner una barrera que alimenta nuestro miedo a las cartas y el pavor oculto que tenemos de conocernos. El tarot es un maravilloso encuentro con uno mismo, y leer las cartas es un acto sagrado. Un tarotista o tarólogo tampoco es un brujo. Yo siempre les digo a mis consultantes que respeto tanto al tarot y los respeto tanto a ellos que sería incapaz de vaticinarles el futuro. El poder siempre está en el que consulta, y un buen tarotista o tarólogo te lleva a tomar ese poder para que empieces a decidir desde otro lugar y a construir un futuro diferente, pero la elección siempre nace en ti, en el poder que sostiene tu libre albedrío. También es importante soltar los límites judeocristianos con los que hemos crecido y esa idea terrorífica de un Dios castigador para empezar a sanar. Dios es solo amor, nunca condena y jamás condenaría a alguien que busque el tarot.

EL TAROT **se usa para adivinar el futuro**

El verdadero tarotista interpreta, no adivina. Aunque hay muchos tarólogos y tarotistas que siguen creyendo que la vía adivinatoria es válida y que puede combinarse con el autoconocimiento y la terapia, yo soy radical en este asunto. El tarot no debe usarse para predeterminar a los consultantes sino para mostrarles sus múltiples opciones. Somos cocreadores de nuestros destinos. Aunque hay psíquicos con grandes capacidades adivinatorias, creo que no debemos entregarle nuestro poder a nadie que nos asegure saber lo que pasará en nuestras vidas. Con el conocimiento y la guía que te dan los arcanos, responsabilízate por tu destino.

EL TAROT **es solo para la gente que quiere conocer su futuro**

No. Desde mi perspectiva, el tarot siempre se lee en el presente. Es desde ahí que construyes tu destino. Recuerda que el tarot no es charlatanería, es una herramienta psicológica profunda. Es para todos aquellos que estén dispuestos a observarse y a llevar luz a esos aspectos que aún no han sido vistos o reconocidos. El darse cuenta es un paso importantísimo en cualquier proceso de transformación. Las personas que se obsesionan por conocer el futuro tienen una inmensa desconfianza en la vida y en ellos mismos. El tarot te lleva a confiar en tus recursos y a expandir tu conciencia.

HAY CARTAS **malas y cartas buenas**

No hay cartas malas y buenas. Pensar así es mantenernos en una conciencia dual que cierra la posibilidad de reconocer nuestra esencia divina. Todas las cartas son perfectas. Todas representan un nivel de conciencia y te piden hacer un trabajo específico. El hecho de que muchos tarotistas realicen lecturas con cartas que salen al derecho o al revés (invertidas) aún asusta a la gente. Yo jamás realizo este tipo de lecturas, pues no es necesario hacerlo. Además, el tarot no es un camino dual. Hacer lecturas con cartas invertidas nos mantiene en la percepción de la dualidad.

LO QUE DIGAN **las cartas es lo que va a suceder**

Cosechas lo que siembras. Las cartas muestran lo que habita en tu inconsciente, generalmente creencias heredadas, ideas limitantes, barreras religiosas, pero también dones y talentos que muchas veces no han sido reconocidos. La buena noticia es que el tarot te enseña rápidamente lo que está oculto y lo que has heredado de tu genealogía para que puedas sembrar de nuevo. Vuelvo y repito: lo que pase, en gran medida, dependerá de ti. La otra parte déjasela a Dios. Entrégate al misterio divino y confía.

CÓMO LEER ESTE LIBRO

1. **Es clave que tengas presentes dos conceptos que yo considero** de vital importancia cuando deseamos acercarnos al tarot. Primero, no se trata de un camino dual. Aunque cada arcano tiene luz y sombra, siempre apunta a la unidad. Segundo, el tiempo en el tarot no es lineal sino circular. Como lo ha comprobado la física cuántica, todo está sucediendo al mismo tiempo. Te sugiero leer este libro en orden si hasta ahora te estás familiarizando con los arcanos, pero también puedes dejarte guiar por tu instinto y empezar por el arcano que más te llame la atención. Deja que tu intuición te guíe y fluye con la lectura.

2. **Este libro plantea un profundo viaje por los 22 arcanos ma**yores del tarot. En cada capítulo encontrarás una amplia explicación del trabajo interior que nos propone cada arcano, los caminos de realización y ejercicios prácticos para su integración. Los caminos que nombro no son los únicos que nos entrega cada arcano, pero sí los que, según mi experiencia, son los más relevantes. En cuanto a los ejercicios prácticos que te sugiero, puedes sentirte libre de realizarlos o no. Tal vez ya tengas un arcano muy integrado, pero necesites

trabajar más conscientemente con otro. Decide si quieres hacer los tres ejercicios que sugiero por arcano, dos o uno solo. Te recomiendo que, por lo menos, intentes hacer uno. Llevar a la práctica y a la acción los arcanos es una de las maneras más eficaces de conocerlos e integrarlos.

3. **Los ejercicios que sugiero en este libro están creados para** apoyar tus procesos internos y la integración de cada arcano, pero no reemplazan ningún proceso terapéutico de sanación.

4. **En cada arcano vas a encontrar cinco preguntas.** Como te comenté en la introducción, los arcanos no solo responden nuestras preguntas, también las formulan para que podamos trabajar más profundamente en nuestros procesos. Ojalá te animes a responderlas todas. Es una manera de entrar en ti y empezar a conocerte.

5. **En cada capítulo encontrarás el cristal con el que te sugiero** trabajar ese arcano. Esto no significa que únicamente dicho cristal vibre con la energía de ese arcano, pues hay varios cristales que nos ayudan a integrar estos arquetipos. Sin embargo, elegí el que considero más adecuado en este caso. Todo está conectado y trabajar un arcano desde la altísima vibración de los cristales nos ayuda mucho en este camino de transformación.

6. **No todos los cristales se pueden limpiar con agua y sal marina.** Generalmente los que terminan en "ita" (aragonita, pirita, selenita, malaquita) no van al agua. Cuando compres un cristal, elige el que te llame la atención, el que sientas que vibra contigo. Después puedes limpiarlo poniéndolo un par de horas sobre un recipiente de vidrio con sal marina, en la tierra de alguna planta o matera, o utilizando el humo de la

salvia blanca. También puedes limpiarlos con reiki (energía universal y divina que se transmite con las manos). Lo que sientas que está bien para ti es perfecto. A mí no me gusta programar los cristales, pues confío en su sabiduría y sé que ellos saben exactamente qué necesito. Pero puedes programarlos si lo sientes. Ubica el cristal en tu corazón, pon tu intención en eso que deseas y listo. Luego permite que el cristal haga su trabajo.

7. **En cada capítulo hallarás la imagen del arcano para que tú,** si lo deseas, puedas colorearlo. Colorear los arcanos es un poderoso ejercicio de integración que te ayudará a conectar con el lenguaje simbólico del tarot. Puedes usar los colores tradicionales de las cartas o elegir colores que no aparecen en los arcanos, como el fucsia, el plateado, el rosado o el dorado. Anímate, deja volar tu imaginación y llena este libro de color.

8. **Al final del libro encontrarás nueve propuestas de lecturas** del tarot. Se trata de nueve maneras fáciles y concretas en las que puedes empezar a trabajar con el tarot en tu vida cotidiana. Muchas veces creemos que para tener una buena lectura necesitamos sacar muchas cartas, pero no siempre es así. Como lo verás, cada arcano es un universo y, algunas veces, todo lo que necesitamos está en una sola carta. Estas "tiradas" son sencillas y pretenden acercarte a esta valiosa herramienta. Hazlas cuando quieras, cuando lo sientas, cuando tu corazón te lo indique y ábrete a recibir las respuestas.

9. **El 70 % de este libro se escribió durante la larguísima cuarentena** que tuvimos que enfrentar debido al covid-19. Siento que este ha sido el tiempo y el momento perfecto para su nacimiento. La información que nos entregan los arcanos la

necesitamos hoy más que nunca. Estas páginas se escribieron para apoyar este momento de elevación de conciencia. La vibración del libro que tienes en tus manos está conectada con los más altos propósitos. Deseo de corazón que el encuentro con el tarot sea sagrado. Estoy segura de que después de recorrer estos 22 estados de conciencia no serás el (la) mismo(a). Por supuesto, si tú lo permites.

I
LE•BATELEUR

EL MAGO

Inicio el camino con certeza

Palabras clave: inicio, talentos, juego, diversión, astucia, creación, descubrir, embuste, trampa, androginia, autonomía, infancia, distracción, ilusión, potencial creativo, vacilación, recursos, administración de la energía, alquimia, risa, alegría.

El camino del tarot comienza con un mago. Su presencia promete entregarnos algunas de las claves que necesitamos comprender para transitar este sendero de realización. Sin embargo, no se trata de cualquier mago. El del tarot de Marsella es sin duda un mago muy particular. Aunque este arquetipo hace parte de la cultura popular y ha sido representando de distintas maneras: como un hombre sabio (Merlín, Gandalf, Dumbledore, Yoda), como un ser ambiguo (El mago de Oz), como un dulce pero poderoso aprendiz (Harry Potter) o como un espíritu que trabaja con las fuerzas del mal (Lord Voldemort o Darth Vader), el arcano número uno del tarot tiene su propia manera de hacer magia.

Sobre su cabeza tiene un sombrero con la forma de un ocho horizontal, llamado lemniscata, símbolo matemático del infinito que refleja su conexión con lo divino. En la mano derecha sostiene una moneda de oro (energía receptiva) y en la izquierda una varita mágica (energía activa), que no está del todo en posición vertical ni horizontal, pues trabaja con energías divinas y humanas. Su mesa tiene tres patas, no sabemos dónde está la cuarta. Posiblemente en el mundo de lo intangible y del espíritu invisible que sostiene todas las cosas. Sobre la mesa hay una bolsa, unos dados, algunos objetos circulares y varios elementos que representan la energía de los cuatro palos de los arcanos menores. Allí están las copas, los oros, las espadas y los bastos.

Pero ¿qué nos quiere decir este arcano? ¿Por qué un mago joven y aparentemente sin mucha experiencia es quien abre la puerta del camino? Para mí existen dos posibles respuestas. Por un lado, su presencia nos recuerda que para transitar por esta vida necesitamos utilizar adecuadamente nuestros recursos. Por otro, nos da una importante advertencia: este mundo está hecho de ilusiones, las cuales, como los magos, nos engañan desviando nuestra atención.

El Mago sabe que la única manera de llegar a la verdad es atravesando el mundo de las ilusiones. Para lograrlo, nos propone iniciar un camino en el que todo es posible y en el que se hace urgente elegir cómo vamos a construir nuestro destino. Podríamos decir que su sendero lo conducirá a lo eterno, pero antes debe aprender a dejar lo profano y a reconocer lo sagrado en cada experiencia. Desde su luz El Mago es un creador, pero desde su sombra es un tramposo. Ambos conocen los principios de la magia, pero mientras el creador los vive y se hace uno con ellos, el tramposo los utiliza para engañar.

El verdadero mago sabe que para hacer magia necesita integrar cuatro pasos básicos: comprender el poder de la imaginación, aprender a dirigir la energía, entender dos conceptos herméticos y conocer de alquimia. El primer paso nos dice que la imaginación es sanación. La capacidad de visualizar es una de las bases de la creación. El Mago es consciente de un principio que ya ha comprobado la física cuántica: todo lo que pueda imaginarse puede manifestarse. Según el doctor y neurocientífico Joe Dispenza, "si puedes imaginar un acontecimiento futuro en tu vida basándote en cualquiera de tus deseos, esta realidad ya existe como posibilidad en el campo cuántico"*. Por eso es tan importante observar nuestros pensamientos y elegir qué pensar, pues nuestra mente está creando todo el tiempo.

El segundo paso es clave, pues si un mago no sabe direccionar su energía pierde su poder. La varita mágica es un símbolo que nos recuerda que allí donde ponemos nuestra atención, ponemos nuestra energía. Eso en lo que nos enfocamos es lo que germina en nuestra vida. El tercer paso está relacionado con dos conceptos herméticos que se hacen evidentes en este arcano: como es arriba es abajo y como es adentro es afuera.

El Mago sabe que no está separado del mundo exterior. Así como es su relación con lo divino, así es la relación con su tribu y el mundo de la materia. Es consciente de que todo es una proyección y de que lo que ve afuera siempre reflejará alguna condición o creencia interna. Desde esa sabiduría aprende a hacerse uno con todo.

Por último, está el tema de la alquimia, esa capacidad para convertir el plomo en oro. Sin embargo, los grandes alquimistas siempre supieron que antes de transformar los metales tenían que transformarse a ellos mismos. Para experimentar un cambio afuera hay que experimentarlo primero adentro. Además, lo que caracteriza a un alquimista es el adecuado uso de los elementos: tierra, fuego, aire y agua, los cuales están presentes sobre la mesa. El Mago es consciente de las cuatro energías que lo habitan y de los elementos que componen dichas energías: agua (copas), tierra (oros), aire (espadas) y fuego (bastos).

---

*Joe Dispenza, *Deja de ser tú*. Carlsbad, CA, Estados Unidos: Hay House, 2012, p. 41.

Sin embargo, su poder no viene del intelecto sino del uso de sus recursos. En su camino va a tener que trabajar con sus emociones, sus pensamientos y palabras, su energía sexual y creativa, y su relación con el dinero y el cuerpo. En la imagen, El Mago parece estar a punto de hacer algo (*Le Bateleur,* en francés, significa el que hace juegos de manos y, en español, el prestidigitador). En esa acción convertirá a esas cuatro energías en sus aliados o en sus enemigos.

Sobre la mesa lo tiene todo y, por lo tanto, es el único responsable de su destino. Pero también puede timar y engañar. Puede hacerse trampa a sí mismo, dispersando su energía y utilizando de manera incorrecta sus recursos. También puede mentirles a los demás y convencerlos de creer en algo que no existe. Incluso puede convertirse en un mitómano.

En la mesa hay tres dados cuya suma da veintiuno, una señal que conecta a este arcano con el arcano número XXI del tarot: El Mundo. Esta pista es clave, pues nos indica que El Mago, desde su nivel más alto de conciencia, tiene certeza. No sabe cómo va a lograr sus objetivos, pues entiende que de eso se encarga el universo, pero está seguro de que, tarde o temprano, sus deseos se manifestarán en el mundo y su conciencia se unirá con todo lo que existe.

El Mago nos invita a crear algo nuevo y nos empuja a la acción y al movimiento. Sabe que le falta experiencia, pero confía en que la adquirirá en el camino. Sin embargo, desde la sombra, las dudas pueden paralizarlo y convencerlo de que sin experiencia es imposible ser tenido en cuenta. Así mismo, puede reflejar profundos procesos de autosabotaje, vacilaciones constantes o excesos. También puede poner demasiadas cosas sobre la mesa, llenándose de compromisos o llegando al extremo de convertirse en un adicto al trabajo. Por supuesto, poner más cargas sobre la mesa será una distracción o protección para no ver lo que necesita ver y hacerse cargo de su proceso.

Para que El Mago pueda realizarse debe darse cuenta de sus recursos y, para lograrlo, necesita disciplina. De lo contrario, dependerá todo el tiempo de la ayuda y la aprobación de los demás. Así jamás crecerá, se convertirá en el niño eterno, incapaz de madurar y tomar su poder personal. Otro aspecto relevante es su condición andrógina. No sabemos si es hombre o mujer. Si es un niño con pelo largo o una niña con pelo corto.

Muchas veces este arcano puede hablarnos del encierro en la infancia, de las heridas del niño interior o de la incapacidad para crecer, madurar y hacernos responsables de nuestro camino. El Mago nos invita a aprender a ser autónomos, a creer en nosotros mismos y a confiar en nuestros recursos internos. A ser los magos de nuestra propia vida para transitar el camino con alegría y certeza.

En muchos de mis consultantes veo un gran miedo a empezar de nuevo, que es una de las invitaciones que nos hace este arcano. Hay ciertas resistencias a intentarlo otra vez porque en el fondo existe un terror profundo a no lograrlo. Todos queremos lo nuevo, pero cuando llega la oportunidad de experimentarlo, algo nos frena. Para salir de esa ambigüedad, El Mago nos asegura que la única posibilidad que existe es lanzarse, confiar en los recursos que tenemos y arrancar. Un mago estancado es muy peligroso porque nos mantiene en las frecuencias del miedo y las falsas ideas de fracaso.

A mí, El Mago siempre me ha inspirado a ir hacia adelante. Tal vez una de las pruebas más duras sucedió en marzo del 2020 cuando "hackearon" mi cuenta de Instagram @tarotalexa. Llevaba seis meses y tenía casi 4000 seguidores cuando la cuenta desapareció. Todo el trabajo que había realizado en ese tiempo se esfumó en un segundo. Sin embargo, al final de ese día, cuando caí rendida de tanto llorar, supe en mi corazón que terminar mi emprendimiento no era una opción. Nunca contemplé la posibilidad de no seguir porque entendí que no se trataba de mí. Un propósito superior sostenía mi cuenta y me sostenía a mí.

Con el paso de los días recordé que cuando creemos que todo se nos quita, en realidad todo se nos da. Aunque nunca sepa quién quiso "hackear" mi cuenta ni por qué, entendí dos cosas: el tarot seguía siendo visto como una herramienta llena de dualidad, muchas personas continuaban utilizándolo desde la oscuridad, y era importante que yo afianzara mi mensaje. Segundo, en parte yo era responsable de lo que estaba pasando, pues no estaba utilizando correctamente mis recursos. Me di cuenta de que había caído en la trampa de las redes sociales: estar pendiente del número de seguidores y corazones que me daban. También comenzaba a abrumarme cada vez más pensando en qué publicar y me faltaba estructura.

No había direccionado la energía de mi varita mágica de acuerdo con los pedidos de mi corazón. Así no podía continuar. Lo que había pasado era tan solo una oportunidad para hacerlo diferente, más conectada con mi esencia y la frecuencia que quería sostener. Me tomé varios días para verme, para descubrir cómo poner a mi maga en acción, dando lo mejor de mí, pero soltando el resultado. Luego arranqué de nuevo. Como quería ir profundo, y gracias a la guía del tarot, decidí bautizar a esa cuenta @tarotalexaesencial. Tuve la confianza de que mis seguidores volverían a encontrarme y entendí que empezar de nuevo era un regalo.

Así que anímate a empezar las veces que sea necesario; hacerlo es honrar la vida que hay en ti. Tampoco se trata de no sentir miedo, pues esa idea puede convertirse en una excusa del ego para no movernos. El primer paso se da, en la mayoría de las ocasiones, con mucho miedo. Pero al caminar le vamos quitando fuerza y nos damos cuenta de que, eso que tanto temíamos, tan solo eran creencias erróneas sobre nosotros mismos.

Aprende a utilizar tus recursos, haz tu parte y deja que el universo se encargue del resto.

Los caminos de EL MAGO

El camino de la creación

Este camino nos propone conectarnos con la capacidad creativa que habita en cada uno de nosotros y decidir qué queremos hacer y qué estamos listos para crear: una obra, un emprendimiento o negocio, un libro, una nueva manera de generar recursos, un viaje, una relación de pareja distinta o tal vez una práctica de meditación o disciplina física. La creación es infinita y no conoce límites. Crear es parte inherente del ser humano. Cuando creas te das cuenta de que, en efecto, puedes ser un cocreador de tu propia vida y que estás íntimamente conectado con lo divino. No te aferres a lo viejo y confía en tus recursos. Tampoco te excuses en la falta de experiencia. La vida que hay en ti y que te rodea te sostiene cuando decides actuar. Permítete equivocarte para aprender y crear la vida que te mereces, así podrás honrar la luz que eres.

El camino del juego

El Mago se divierte y juega. Entiende que la risa es importante y les quita peso a los mandatos del mundo. Para él no es posible transitar el camino sin diversión. Cuando lo embarga la pesadez de la vida y se olvida de reír, pierde su poder. Su capacidad de creación se hace débil y se olvida de los recursos que lo acompañan. Uno de sus mayores dones es la alegría. Recíbela tú también y date cuenta qué tan presente está en tu camino, qué tanto te permites divertirte y qué lugar ocupa el placer en tu vida. Cuando no hay gozo nos desconectamos de nuestro potencial y la vida se vuelve lúgubre y pesada. Le damos demasiada importancia a lo que sucede en el mundo y nos olvidamos de conectar con ese niño interior que todos tenemos y que nos pide escucharlo, aligerar el viaje y darnos el permiso de reír. El Mago comprende lo que han afirmado muchos maestros y corrientes espirituales: la iluminación tan solo es el desarrollo de una gran carcajada. Cuando vibramos desde la alegría, es más fácil crear la vida que queremos y confiar en que todo es posible.

El camino de la certeza

La certeza es uno de los mayores regalos que podemos encontrar en este arcano. El Mago no sabe cómo van a suceder las cosas, pero tiene certeza absoluta de que conseguirá lo que desea. Sabe que si usa correctamente los elementos que tiene sobre su mesa, podrá lograr grandes transformaciones. Su certeza está basada en la conexión con el infinito, como lo indica la forma de su sombrero. Si mantiene esa conexión, todo se dará. Y, si no se da, será capaz de entender que no todo depende de él y que la sabiduría divina es más grande que su limitada conciencia. Confía en que lo que suceda será perfecto porque es consciente de que todo es para su bien, aunque en apariencia no lo parezca. Si la certeza habita en su corazón, la única posibilidad es seguir caminando y realizar su parte mientras suelta los resultados. Ahí está la magia.

Las preguntas de EL MAGO

¿Qué deseo empezar?
¿Uso mi potencial o lo desperdicio?
¿Cuál es la vida que quiero manifestar?
¿Qué creo que me lo ha impedido?
¿Qué creencias tengo sobre empezar de nuevo?
¿Tengo certezas?
¿En qué aspectos de mi vida sí y en cuáles no?

El cristal de EL MAGO

La aragonita, porque nos ayuda a conectar con la certeza y la paciencia. Además, su vibración potencia la conexión con la tierra y nos da ánimo y alegría para empezar de nuevo.

De la mano de EL MAGO

Juega

Durante un día cambia la manera en la que generalmente haces las cosas y dales un giro a tus hábitos. Desayuna en otro lugar de tu casa o apartamento, come algo que usualmente no comes, toma una ruta distinta para ir al trabajo o regresar a tu casa, usa la mano que no es dominante para lavarte los dientes, abrir la puerta o tomar la sopa. También puedes realizar una actividad que te saque de la rutina y que despierte tu lado más creativo: haz algo con las manos, ve a una clase de baile, fabrica jabones o velas, o date un tiempo para ti. Atrévete a hacer algo diferente y observa qué se mueve en tu interior. Luego permítete iniciar algo nuevo en tu vida. Realiza una pequeña acción que te conduzca a sembrar la semilla de eso que hace rato desea tu corazón. No aplaces más eso que deseas, no te pongas excusas y actúa. Recuerda que todo comienza con un primer paso.

Haz tu varita mágica

Deja volar tu imaginación y crea tu propia varita mágica. Puedes utilizar plastilina, arcilla, una rama, rollos de papel higiénico, un pedazo de madera o hasta un pitillo. Si lo deseas elige varios materiales y colores, y disfruta mientras le vas dando forma. También puedes escribir frases o pegar fotos encima de tu varita, todo está permitido. No tiene que ser perfecta, pero sí te tiene que gustar. Esa varita va a conectarte con tu mago interior y a recordarte uno de los principios de la magia: donde pones tu atención, pones tu energía. También te ayudará a tener presentes los dos principios herméticos que conoce El Mago: como es arriba es abajo y como es adentro es afuera. Mientras la haces y le das vida, siente en dónde quieres poner tu energía, qué es eso que anhelas manifestar y comprométete con tu intención.

Escucha a tu niño interior

Abre un espacio para conectarte con tu niño interior. Puedes acostarte o sentarte, prender una vela y poner música relajante. Para este ejercicio puede ser de gran ayuda buscar fotos de tu infancia. Observa esas imágenes sin juicios y, a través de tu respiración, ve entrando en ti. Desde ese espacio sagrado pregúntale a tu niño interior: ¿Cómo está? ¿Aún carga heridas de la infancia? ¿Qué siente por sus padres? Escucha lo que tiene para decirte y permítele expresarse escribiendo, llorando, pintando, bailando... Finalmente pregúntale qué necesita de ti en este momento. Ten la certeza de que podrás darle todo lo que te pida.

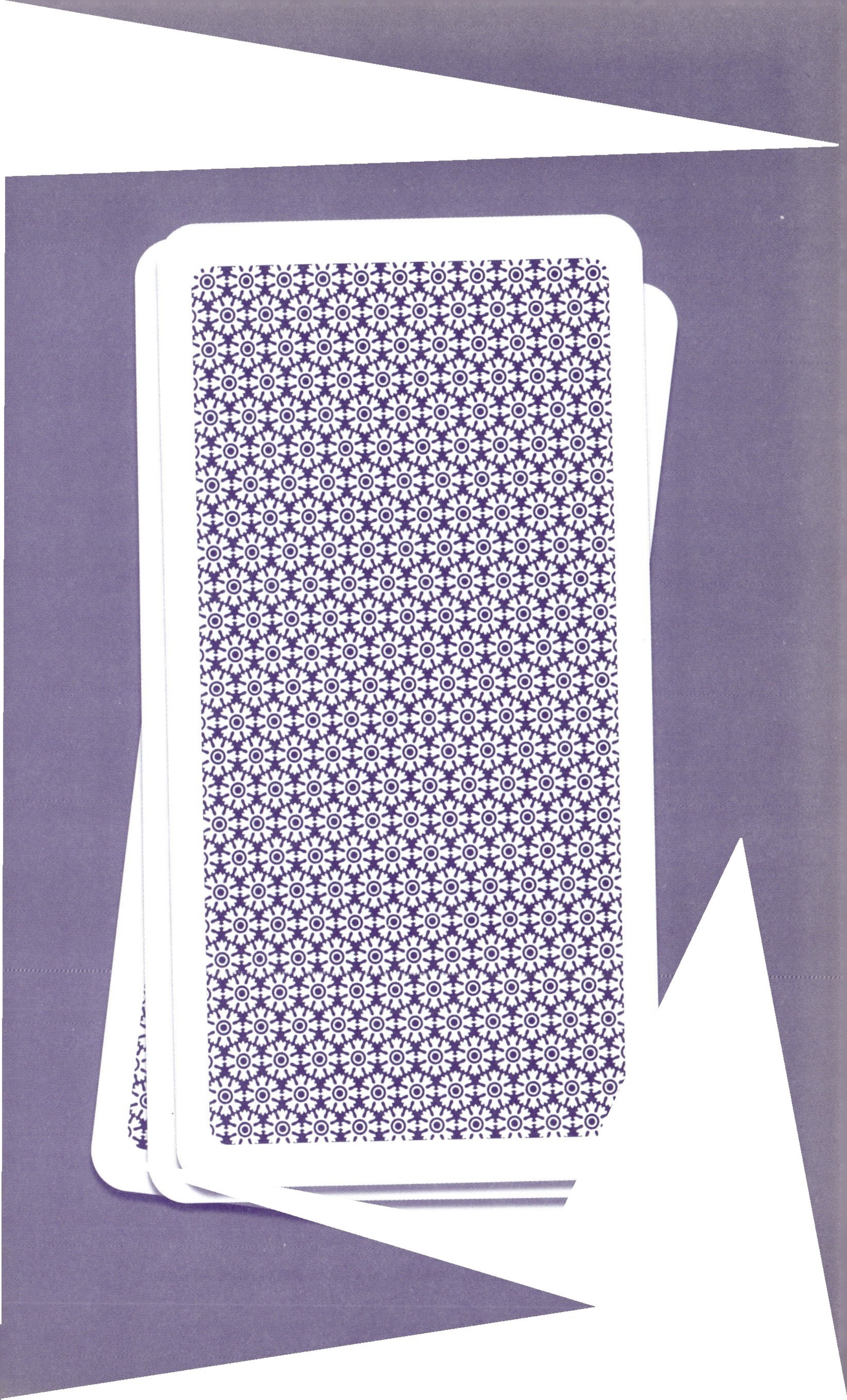

II
LA·PAPESSE

LA PAPISA

El tesoro está adentro

Palabras clave: madre, abuela, frialdad, secreto, gestación, silencio, sabiduría, virginidad, quietud, meditación, libros sagrados, acumulación, pureza, espera, soledad, estudio, frutos, fe, obra, agua.

Un enigma rodea a La Papisa. ¿Quién es esta mujer? ¿Qué edad tiene? ¿Por qué la cara y las manos son blancas? ¿Por qué tiene un libro abierto y un pequeño huevo blanco detrás? Antes de entrar en su universo, quiero contarte un mito sobre el origen de este arcano que a mí siempre me ha fascinado. Se dice que hace varios siglos existió una papisa llamada Juana. Para poder acceder a un conocimiento que solo les era permitido a los hombres con cierto nivel social y educación, decidió ocultar su identidad bajo muchas capas de ropa. Se llamó el padre Juan y fue ascendiendo hasta convertirse en Papa. Según el mito, un día, en medio de una procesión importante, el papa Juan dio a luz a un niño revelando su verdadera identidad femenina.

La historia pone en evidencia la capacidad receptiva de la mujer y le da un importante lugar a la energía femenina en el proceso creativo. La sabiduría femenina, la cual ha sido rechazada durante siglos en las sociedades patriarcales, vuelve a ocupar su lugar en este arcano. Aunque muchos han relacionado a La Papisa con el arquetipo de la Virgen María, símbolo de la pureza, no creo que sea justo ver a este arcano como un ser virginal y perfecto. De hecho, la palabra virgen no significa castidad sino mujer sin casar. Además, en la versión restaurada del tarot de Marsella, el cuello de La Papisa está atravesado por un gran pene. Así que no se trata de un ser asexual, pero sí de una mujer que decide enfocar su energía en otro lugar: el cultivo del mundo interior.

La imagen nos muestra a una mujer sentada y completamente cubierta, no sabemos qué edad tiene ni de qué color es su pelo. Además de ser una papisa, podría ser una sacerdotisa, una chamana, una sanadora extraordinaria o una gran terapeuta. Su cara y sus manos son blancas y detrás vemos un pequeño huevo blanco. Sobre su cabeza cuelga un delgado velo que evoca el velo de las ilusiones de la diosa hindú Maya o de la diosa egipcia Isis. La Papisa tiene acceso a un conocimiento sagrado, pero no lo comparte con cualquiera, pues sabe que solo el que esté preparado podrá ver detrás del velo y experimentar que este mundo no es una realidad absoluta (como lo anunciaba la pata de la mesa de El Mago que no vemos).

El número de este arcano es el dos, el cual pone en evidencia la dualidad, la existencia de un mundo basado en polaridades, pero también la promesa de que, detrás del velo, está el mundo real. Desde su sabiduría, La Papisa es consciente de que más allá de la realidad material que habita, hay una realidad espiritual en donde lo único que existe es unidad. Pero no lo comunica con palabras. Por el contrario, elige el camino del silencio y espera con paciencia.

Comprende que cada ser atravesará el velo de la ilusión cuando llegue su momento.

Sin embargo, en medio de tanto misterio, hay algo que nos muestra sin reservas: un libro con las páginas abiertas, las cuales suman 17 líneas, creando un puente con el arcano 17: La Estrella (incluso podríamos pensar que La Estrella es La Papisa revelada). Por lo tanto, no se trata de un texto religioso sino espiritual. La Papisa anhela que descifremos el enigma. El libro está abierto porque nos invita a acceder a una información que es capaz de sacudir nuestras conciencias.

Cada uno sabrá en qué páginas o enseñanzas ha encontrado un conocimiento tan profundo y real, capaz de cambiarle la vida. Para mí, sin duda, el libro de La Papisa es *Un curso de milagros*. Siempre lo he sentido así (tú no tienes que sentir lo mismo), porque desde que lo encontré y comencé a leerlo y practicarlo, mi vida espiritual se transformó completamente. Después de haber estudiado en un colegio judío, de haber recibido una educación católica en mi casa y de haber estado muy metida en el hinduismo, en el libro azul (como le dicen al curso) encontré lo que mi alma había pedido desde niña. Supe inmediatamente que no necesitaba nada más.

El libro de La Papisa también nos habla de la escritura como vía de sanación, y de la necesidad de no juzgar nuestros frutos. Ella muestra su libro y, al hacerlo, se entrega por completo al mundo. Una de sus enseñanzas consiste en enfocar la energía en el libro, símbolo de las obras y proyectos que queremos realizar. Cuando nos enfocamos en la obra, no estamos pensado en el futuro, en qué pasará, en si la obra tendrá éxito o no, o si la criticarán o alabarán. El proceso es la clave, no el resultado. Creamos porque, al hacerlo, la vida se manifiesta a través de nosotros.

La última señal está en el huevo blanco (un símbolo importante que no aparece en muchos tarots y que volvió a integrarse gracias a la restauración del tarot de Marsella a finales de los años noventa).

La Papisa está incubando. En medio de una actitud que aparenta ser muy fría y distante, está gestando vida y administrando su energía.

Para lograr que este proceso de manifestación se concrete, realiza tres acciones: parar, meditar y estar en silencio. Al parar se aleja de los estímulos del mundo, la meditación expande su conciencia y el silencio le abre la puerta al gozo interior. De esa manera entrena su mente, se une con la divinidad y crea la vida que desea.

Desde su luz, este arcano nos invita a ser pacientes, a entender que los procesos de gestación tienen su propio ritmo y que, por más que pretendamos afanar a la vida, nada florece antes de tiempo, así como un bebé raramente nace antes de los nueve meses. Para mí, que he tendido a ser muy acelerada, esta ha sido una de las grandes lecciones que me ha dado este arcano. Justamente lo entendí cuando escribí mi primer libro para niños, *Las aventuras de Diestéfano*. Entrando en mí y conectándome con eso que ya estaba listo para nacer, escribí cuatro historias de una saga sobre un niño índigo que venía al planeta Tierra en busca de su misión. Es impresionante, pero cuando nos unimos a la conciencia divina, todo fluye sin ningún esfuerzo.

El problema vino después, cuando quise publicar el primer tomo. Durante ¡cuatro años! estuve tocando puertas de editoriales grandes y pequeñas, independientes, colombianas y extranjeras. Todas, sin excepción, me dieron la misma respuesta: no. Algunas afirmaron que mi libro no hacía parte de su línea editorial y otras que no creían que a los niños les gustaran los temas espirituales. Fue duro, pero a la larga entendí que la negativa que recibía del mundo exterior solo afianzaba el pedido de mi alma.

Una de las ideas que tenía en mi mente es que cuando algo no se da es porque no conviene, pero esta situación me enseñó que no siempre es así. Tuve que ser muy honesta conmigo misma y preguntarme para qué quería publicar el libro: ¿Era un deseo que venía de mi ego o era un pedido de mi alma? La respuesta llegó inmediatamente: era un pedido de mi alma. Aunque dudé, siempre he sabido que parte de mi propósito en esta vida es escribir para niños.

Gracias al trabajo con La Papisa comprendí que había otra manera. Tenía la atención tan fija en el velo de las opciones que aparentemente me ofrecía esta sociedad, que no me había dado cuenta de todas las alternativas que tenía. Cuando lo entendí, supe que mi camino era la independencia. Durante cuatro años tuve que poner a prueba mi paciencia y mi confianza. Finalmente, cuando me lancé a editarlo por mi cuenta, todo fluyó. Lo importante era que el libro saliera a la luz, de lo demás se encargaba el universo. Como enseña La Papisa, no podía juzgar mis frutos. El propio libro se abriría camino y así ha sido. Lo más bello ha sido comprobar que los niños conectan poderosamente con la historia. Los niños de las estrellas que habitan entre nosotros desean y necesitan entender que la vida es mucho más que esta realidad tangible que conocemos.

Ahora veamos el otro lado de La Papisa, pues desde su sombra este arcano puede ser muy complicado, empezando porque hace de la espiritualidad una creencia y no una experiencia. También puede hablarnos de madres frías y distantes, o de mujeres castradoras, incapaces de conectar con la calidez de sus sentimientos o de expresar una genuina empatía hacía los demás. Otro aspecto en sombra es la soledad y la rigidez. La Papisa puede poner la moral y el deber ser por encima del amor. Sus creencias se convierten en verdades absolutas, en el único mapa permitido para transitar por la vida.

Desde su sombra este arcano tiende a juzgar qué está bien y qué está mal bajo el falso escudo de los principios religiosos. También utilizará el silencio como un arma de manipulación. La Papisa puede callar y ocultar secretos que generan un lastre emocional para ella y sus descendientes del que puede ser muy difícil liberarse, ya que la única manera de hacerlo es rompiendo el silencio.

Pero desde su luz, La Papisa siempre nos recordará que hay algo dentro de nosotros que es incorruptible, inquebrantable y eterno: la fuerza divina que nos habita. La luz que nos sostiene. Ella es el elemento agua. Da vida, calma y purifica. Nos invita a fluir, a sentir y a ser nosotros mismos.

Los caminos de LA PAPISA

El camino de la meditación

La Papisa comprende la importancia de parar, alejarse de los estímulos del mundo y entrar en su interior. Para lograrlo, su mejor herramienta es la meditación, una práctica que realiza con paciencia y disciplina, pues sabe que es un eficaz camino para bajar el ritmo mental, aquietar el cuerpo y expandir la conciencia. Cuando para, aprende a rendirse, a escuchar, a callar y a disfrutar del silencio. Su mundo interior se hace más real y poderoso que el exterior. Ahí está su gozo, ahí está su tesoro.

El camino de la escritura

Este arcano entiende que escribir puede convertirse en una estupenda vía de sanación. La escritura la ayuda a aclarar sus pensamientos, a vaciar su mente y a observar sus creencias. Lo que no se le facilita decir con su voz, lo expresa escribiendo. Cuando escribe, La Papisa es libre y creativa. De igual manera, la lectura de libros de alta espiritualidad es un regalo que le permite expandir su visión y descubrir otras vías para estar en el mundo.

El camino del silencio

Desde su luz La Papisa calla porque sabe que, la mayoría de las veces, las palabras no son necesarias. También entiende que el silencio es un lenguaje y una vía eficaz para aquietar la mente, conectar con el corazón y enfocarse en lo importante. El silencio le enseña a elegir sus palabras y a usarlas sabiamente cuando es necesario. Para ella el silencio es un regalo, la dulce recompensa de la escucha interior.

Las preguntas de LA PAPISA

¿Qué oculto o qué callo?
¿De qué manera juzgo o he juzgado mis frutos?
¿Qué estoy gestando?
¿Qué lugar ocupa la energía femenina en mi vida?
¿Cómo es la relación con mi madre?

El cristal de LA PAPISA

La selenita, porque es pura luz, nos ayuda a ir adentro y expandir la conciencia. Es una piedra maravillosa para meditar. Te recomiendo usarla en el entrecejo o la coronilla.

De la mano de LA PAPISA

Medita

La meditación es una herramienta maravillosa, nos ayuda a conectarnos con lo importante y, si lo haces con disciplina, puede transformar tu vida. Seguramente te preguntarás qué meditación es la mejor y cómo hacerla. Pero no hay una única respuesta: cada persona vibra con una práctica y un método distinto. Tendrás que abrirte y descubrir el tuyo. Pídele a la vida señales y ábrete a recibirlas para que la meditación que tú necesitas llegue a tu vida. Mientras la descubres, te propongo esta sencilla práctica; solo necesitas tener una barra de selenita. En la mañana o en la noche, que es cuando el cerebro pasa más rápido de las ondas beta a las ondas alfa (donde entramos en la frecuencia de meditación), siéntate con la espalda recta, pon el cristal en tu mano izquierda y respira profundo durante algunos minutos mientras visualizas cómo el agua se mueve por todo tu cuerpo, desde adentro hacia afuera, hasta verte totalmente cubierto de agua. Luego concéntrate en tu segundo chakra, que queda tres o cuatro dedos abajo del ombligo. Siente el agua ahí. Si está sucia límpiala con tu intención, si está estancada muévela. Cuando veas que el agua está cristalina, fluida y tranquila, termina la práctica a tu ritmo. No te rindas tan fácil, pues meditar lleva tiempo. Se necesita constancia y paciencia para convertirlo en un hábito.

Exprésate escribiendo

Uno de los ejercicios que más les propongo a mis consultantes cuando tienen algo atascado que no han podido decir es escribir. Esta es una práctica sencilla, pero muy poderosa. Necesitas una vela violeta de tamaño mediano, papel blanco y un esfero, puede ser de tinta morada si prefieres. Escríbete una carta a ti si te recriminas o te juzgas con frecuencia, o una a tus padres, a una expareja o a alguna persona que sientas que no has podido perdonar o decirle todo lo que has querido. La idea es que hagas el ejercicio sin ponerle moral; escríbelo todo, si quieres insultar; hazlo, si te quieres quejar; quéjate, permítete soltarlo todo. A medida que lo hagas vas a escribir cada vez más rápido, ¡maravilloso! Si lo haces sin juicios, seguro te saldrán varias hojas. Cuando sientas que expresaste todo lo que necesitabas

, pon la vela en tu corazón y pídele al arcángel Zadkiel, que comanda el rayo violeta, que te ayude a transmutar y a perdonar todo lo que liberaste con la escritura. Luego enciende la vela, quema la carta o las cartas (puedes escribir varias si lo sientes) con esa llama y ubica la vela en un lugar seguro. No la puedes apagar, deja que se consuma por completo durante el tiempo que sea necesario. Esa noche hazte un baño de purificación con sal marina que te ayude a terminar de soltar y de limpiar todas las emociones que drenaste. La noche siguiente termina la práctica con un baño de yerbabuena para activar la energía y conectar con el dulce de la vida.

Visita una librería especializada en libros alternativos y espirituales

Es una aventura. No le preguntes nada al librero; tampoco le pidas consejos a tus amigos y familiares. Ve, conéctate con tu intuición y deja que el libro que necesitas leer llegue a tus manos. El que sientas es perfecto. No lo juzgues: si hay algo que te atrae es porque seguramente en esas páginas encontrarás la información que tu alma necesita en ese momento.

III
LIMPERATRICE

LA EMPERATRIZ

Expreso mi abundancia

> ***Palabras clave:*** expresión, creatividad, Venus, deseo, seducción, adolescencia, belleza, naturaleza, vitalidad, acción, movimiento, abundancia, energía, primavera, juventud, fertilidad, desorden, *femme fatale*.

La Emperatriz aparece con su belleza y arrojo. De lo receptivo y pasivo pasamos a la acción y el movimiento. El espíritu y la materia se unen. La energía que estaba contenida en La Papisa florece, explota y se revela con toda su fuerza. Pero si en La Papisa la energía viajaba del cielo hacia la tierra, en La Emperatriz irá de la tierra al cielo.

La imagen del arcano nos muestra a una mujer joven. Tiene las piernas abiertas y un cetro en la mano izquierda (lado receptivo e intuitivo) que se posa sobre su sexo. Con la mano derecha abraza un escudo con un águila, un animal que simboliza el deseo de ir más allá y las ansias de transformación (por algo su pareja numerológica es el arcano trece).

El águila es el primer animal que aparece en los arcanos mayores y su historia es muy particular. Desde la antigüedad fue un símbolo de majestad, poder y victoria. Los aztecas la relacionaban con el sol y la consideraban el ave de lo grande y elevado. Es el primer jeroglífico del alfabeto egipcio y en las historias bíblicas era sinónimo de renovación.

Según cuenta una leyenda, a los 40 años el pico del águila se curva, sus alas envejecen y sus garras dejan de funcionar. En ese momento el ave tiene que decidir si desea vivir o morir. Si opta por la primera opción vuela a la parte más alta de una montaña y se asienta en un nido al lado de un risco, donde destroza su pico sobre las rocas y espera a que nazca uno nuevo con el que luego se quita las garras y cada una de sus plumas. Después de 150 días, en los que atraviesa un doloroso y profundo proceso de transformación, el águila renace y puede vivir 30 años más.

Aunque no existen indicios de que esto sea cierto, es una leyenda poderosa que se relaciona con la capacidad de renovación que nos plantea La Emperatriz. El águila, que volveremos a ver en El Emperador y El Mundo, es un águila macho. Desde su femenino sagrado, La Emperatriz toma la energía masculina y la integra dentro de sí para moverse por el mundo. Además, en algunas ediciones del tarot de Marsella podemos observar que en su garganta tiene un punto negro que se asemeja a la manzana de Adán que tienen los hombres. Hay algo andrógino en ella o un punto muy masculino en medio de su potente feminidad.

El número tres nos habla de la divina trinidad: padre, hijo y espíritu santo. Del tiempo: pasado, presente y futuro. Es el cielo, la tierra y el infierno. Alá, Jehová y Cristo. O los tres aspectos de Dios, según el hinduismo: creación, conservación y destrucción. Desde su conciencia divina, La Emperatriz solo conoce lo eterno y por eso puede transitar con soltura por el mundo. Explora sus deseos, expresa su sensualidad y se da el permiso de gozar y divertirse. De esa manera, manifiesta lo que con tanta paciencia gestó La Papisa.

La Emperatriz nos invita a pasar de pensar la vida a experimentarla. Tiene una gran necesidad de movimiento y de expresión, pues comprende que las respuestas que busca solo llegan cuando se pone en acción. Al hacerlo exalta su esencia; quedándose quieta pierde su brillo y entusiasmo. Sin embargo, su energía no siempre parece saber a dónde ir. Puede dilatarse yendo de un lugar a otro sin concretar nunca nada o lanzándose a vivir un sinfín de experiencias que terminan distrayéndola y drenándola. Desde su sombra, La Emperatriz puede encerrarse en la adolescencia, en esas ganas infinitas de probarlo todo y no enfocarse en nada. Porque hacerlo significa madurar, crecer y establecerse. Dar el paso inevitable que conduce a la estructura de El Emperador.

Otro aspecto importante de este arcano es su conexión con la abundancia, la cual hace parte de nuestra herencia como seres divinos. Ser abundantes no tiene que ver con la cantidad de dinero que tenemos en nuestra cuenta de ahorros, sino con la capacidad de conectar con todo lo que necesitamos para manifestar nuestro propósito en este mundo. Cuando no podemos experimentar esa abundancia como una realidad en nuestras vidas, este arcano nos recuerda que son las creencias de escasez que hemos heredado de nuestra familia o del inconsciente colectivo las que impiden su flujo de manera armónica y constante en nuestro camino.

Al ser y vivir en abundancia, La Emperatriz comprende que existe una gran diferencia entre fabricar y crear. Cuando fabricamos podemos repetir el pasado o los errores de nuestros ancestros; cuando creamos conectamos con la verdadera abundancia, la vida fluye y nuestra conciencia se hace una con la divinidad. La Emperatriz es pura creatividad. Le gusta descubrir cosas nuevas y está siempre dispuesta a escuchar su intuición y sus deseos. Es libre porque se ha atrevido a ser ella misma.

Por otra parte, este arcano representa la esencia misma de la naturaleza, la madre divina que protege y nutre a todos sus hijos. La madre fértil y abundante, cálida y amorosa. Nos recuerda que siempre estamos siendo cuidados y protegidos. Cada vez que hay una catástrofe natural muchos afirman que la madre naturaleza lo hace para defenderse de los seres humanos. Incluso, con la llegada del covid-19, algunos la han llamado bioterrorista, pero nada de esto es cierto. Verlo así es creer que la naturaleza quiere vengarse de nosotros y es justamente lo contrario. La madre tierra nos da siempre lo que necesitamos y nos vincula con la energía de la armonía, la protección y la entrega.

La Emperatriz también nos solicitará escuchar los pedidos del cuerpo y muchas veces aparecerá para cuestionar la relación que tenemos con la comida. Por supuesto, su propuesta no consiste en espiritualizar los alimentos ni en creer que unas personas son mejores que otras por lo que comen. Pensar así es puro ego. Tampoco se trata de ser vegano ni de hacer de la comida un culto, pero sí de alimentarnos con más conciencia y de entender cuáles son los alimentos que realmente necesita el cuerpo para funcionar, cuáles le dan energía y cuáles se la quitan. Para lograrlo, La Emperatriz nos propone comer desde una presencia plena y empezar a dar gracias por los alimentos que ingerimos. De esa manera vibrarán alto y tendrán otro efecto en el cuerpo.

Finalmente, un tema clave de este arcano está relacionado con la expresión. Si La Papisa callaba, La Emperatriz va a seducirnos con sus palabras, las cuales pueden inspirarnos o devorarnos. Desde su luz, para este arcano expresar es sanar, por lo que nos invita a hablar, a soltar el nudo en la garganta y a decir lo que sentimos. Pero desde su sombra puede expresarse con violencia o bloquear su expresión y somatizarla a través de problemas de garganta o de tiroides.

También puede representar a la *femme fatale*, a una madre que no sabe aceptar el paso de la edad o a una madrastra terrible. Manipulará con sus ideas y con su sexualidad. Cuando La

Emperatriz se desconecta de su poder, pierde su energía vital, la invaden los celos y su fuerza creativa se diluye. Se vuelve ambiciosa y calculadora.

Desde su sombra puede revelar una situación de la adolescencia que aún no se ha resuelto o que permanece en el inconsciente, problemas de fertilidad o un miedo profundo a envejecer. Por supuesto, desde su luz es la representación de una belleza capaz de vencer al tiempo. Una belleza real de la que dan fe las mujeres que se han atrevido a reconocerse. El poeta inglés John Keats lo expresó hermosamente: "La belleza es verdad, y la verdad es belleza: eso es todo lo que necesitas saber en la Tierra".

Los caminos de LA EMPERATRIZ

El camino de la creatividad

La Emperatriz nos enseña a expresarnos desde la vía creativa. Si sientes que aún te cuesta soltar el nudo de la garganta, sal de la cabeza y entra en el cuerpo. Haz algo artístico. ¿Qué? Lo que te vibre adentro. Escribe, pinta, teje, baila, lo que sea que te lleve a crear, te ayudará a desbloquearte de todo lo que te limite o te impida moverte y actuar en el mundo. También puedes estudiar algo nuevo y salir de los límites de tu mente. Cuando aprendes otra información y vas más allá del mundo conocido, las redes neuronales de tu cerebro crean nuevas conexiones y puedes ver el mundo con otros ojos. Recuerda que este arcano nos invita a actuar: es la acción pura, sin miedo y sin condiciones. No hay excusas.

El camino de Venus

La Emperatriz representa la energía de Venus, el planeta del deseo y las necesidades. Este camino, en el que se unen el tarot y la astrología, nos invita a brillar integrando los anhelos de nuestra Venus natal. En internet hay varios programas que te permiten obtener de manera gratuita y sencilla tu carta astral. Una vez la conozcas fíjate en qué signo y en qué casa astrológica está tu Venus. Lo que debes comprender es qué representa esa casa (por ejemplo, la casa uno habla del yo, la cuatro del hogar, la diez del éxito y la vida pública, la once de los grupos y las colaboraciones) y cómo se relaciona con el signo astrológico donde se encuentra (hay varios videos de astrólogos reconocidos que explican este tema detenidamente). De esta manera podrás conocer cómo se expresa tu Venus, qué le gusta y qué necesita para sentirse plena. Entender de qué manera se realiza mi Venus en Acuario, en casa dos, me ha ayudado muchísimo: gracias al trabajo interior que hice con ella y con La Emperatriz pude lanzarme y comenzar TarotAlexa.

Cuando entendí que una parte de mi Venus estaba viva y otra dormida, y que para tomarla plenamente necesitaba expandir mi mensaje y mover la conciencia trabajando en colectivo, decidí actuar. Salir del anonimato no fue fácil, pero era el camino que mi Venus y La Emperatriz me pedían transitar para integrar toda su luz. No te conformes con un poquito de luz y de belleza, tómalas y exprésalas completamente.

El camino de la naturaleza

Este camino nos propone crear una nueva relación con la madre naturaleza. Entender que todo lo que sucede en ella es un reflejo de nuestro mundo interior. El covid-19, entre muchas cosas, vino a mostrarnos la inmensa desconexión que teníamos con la naturaleza y la necesidad de cuidarla con más conciencia y amor. Cuando lo hacemos también nos cuidamos a nosotros mismos. Este camino es abundante y nos recuerda que no estamos solos: hacemos parte de un todo.

Las preguntas de LA EMPERATRIZ

¿Qué necesito expresar?
¿Cómo es mi relación con la naturaleza?
¿Qué lugar ocupa el placer en mi vida?
¿Cómo está mi autoestima?
¿Qué creencias tengo sobre la abundancia?

El cristal de LA EMPERATRIZ

El ágata de encaje azul, porque venimos a expresarnos con libertad y confianza. Este cristal trae mucha tranquilidad y nos ayuda a conectarnos con el poder de nuestra verdad.

De la mano de LA EMPERATRIZ

Yoga para elevar la conciencia

Utiliza tu cuerpo para ayudarte en tu proceso evolutivo. Una hermosa manera de hacerlo es a través del *hatha yoga*. Yoga significa unión. Ha significa sol y tha, luna. El *hatha yoga* te ayuda a unir las energías femeninas y masculinas, así como lo hace La Emperatriz, para producir un equilibrio en todo tu sistema. Tu cuerpo y tú se irán flexibilizando y otra energía fluirá dentro de ti, haciendo que sea más fácil elevar tu conciencia. Según Sadhguru, el yogui y místico de la India, "el *hatha yoga* no es un ejercicio, consiste en comprender los mecanismos del cuerpo, creando una cierta atmósfera, y luego usar las posturas físicas para canalizar o conducir la energía en direcciones específicas"*. Si eres practicante de yoga o hasta ahora comienzas este camino, te propongo tener la imagen de este arcano en tus próximas tres clases. Obsérvalo mientras haces tus posturas y lleva la imagen a tu mente cuando llegue el momento de relajarte o meditar.

Pasa un rato en la naturaleza

Sal de la ciudad y ve a ese lugar donde hace rato has querido estar. No te tienes que ir tan lejos; si puedes, date el regalo de

*Sadhguru, *Ingeniería interior, guía yogui para la alegría y el gozo*. Madrid, España: Gaia Ediciones, 2018, p. 110.

salir un fin de semana y entrar en contacto con la naturaleza, si no, tan solo pasa unas horas en un parque o visita el jardín botánico de tu ciudad. Observa los ritmos de la madre tierra, fíjate en los colores y las formas de las flores, mira cómo se mueven las ramas de los árboles, escucha los pájaros, siente el aire, toca el pasto. Date cuenta de que nunca falta nada y de que la abundancia se nos entrega a cada instante. Vivimos en un mundo donde el ser humano se desconecta cada vez más de la naturaleza, está destruyendo sus bosques y selvas, y contamina sus mares y ríos. Si La Emperatriz es la madre naturaleza, intenta tener un mayor compromiso con el lugar que te sostiene, te nutre y te protege. Hacerlo te enseñará mucho sobre la conciencia de la abundancia.

El regalo de La Emperatriz

Encuentra un lugar tranquilo y silencioso para hacer esta práctica. Cierra los ojos, respira lenta y profundamente y, con tu intención, imagina que enfrente a ti aparece una hermosa águila del tamaño y el color que tu desees. El águila te invita a volar, puedes dejar que te sostenga con sus garras o subirte sobre sus alas. Observa como vuelas cada vez más alto, siente el aire en tu piel y una hermosa sensación de libertad. De repente en el cielo aparece una puerta plateada que el águila y tú atraviesan con confianza. Al hacerlo vas a llegar a un lugar de la naturaleza muy hermoso. Puede ser un bosque, una playa, una montaña, lo que veas es perfecto. Baja a ese lugar y despídete por un rato del águila. Explora el espacio y busca una zona que llame tu atención. Allí vas a encontrarte con La Emperatriz. Ella tiene un regalo para darte. Recíbelo y guárdalo en alguna parte de tu cuerpo. Cuando estés listo, abre los ojos y escribe qué simboliza ese regalo para ti, qué puedes hacer con él y cómo puedes recordarlo.

IIII
L'EMPEREUR

EL EMPERADOR

Encuentro una estructura

> ***Palabras clave:*** padre, orden, figura de autoridad, poder, mundo material, estabilidad, equilibrio, racionalismo, responsabilidad, generosidad, prohibición, territorio, rigor, estructura, hogar, éxito en los negocios, patriarcado.

El Emperador es un arcano imponente. Sin embargo, no nos mira de frente, solo nos muestra su perfil izquierdo (lado del inconsciente). Toda su atención está puesta sobre su objeto de poder: un cetro que levanta con una sola mano y que parece estar sostenido por el magnetismo del universo. En su pecho tiene un collar de trigo, símbolo de la vida, del cual cuelga un medallón con una cruz. La línea vertical y la horizontal representan la unión del tiempo y el espacio. Su barba azul celeste refleja su madurez, pero también su conexión con lo divino. Con las piernas forma un cuadrado, distintivo del mundo material en el que se apoya, y con la mano izquierda toca su cinto, elemento de poder personal. No carga una espada, parece que su gobierno se desarrolla en tiempos de paz. Está centrado en el presente, ahí radica su inmenso poder.

Al igual que La Emperatriz, su escudo tiene un águila. Pero si la de ella es un águila macho, la de El Emperador es una hembra que está incubando un huevo. El águila que voló alto para renacer logró su objetivo y vuelve a ser gestora de vida en este arcano. En medio de su masculinidad, El Emperador reconoce que su poder se expresa con potencia cuando integra su energía femenina. La tierra y el agua se unen para crear un territorio fértil y abundante.

Sin embargo, si la energía de La Emperatriz podía dispersarse por falta de estructura, la de El Emperador sabe exactamente hacia dónde dirigirse y cómo hacerlo. Él es la razón, el mundo de la palabra y del pensamiento organizado. Mientras La Emperatriz gobierna a través de los sentimientos y el gozo, El Emperador lo hará a través de la razón y las palabras. Unidos serán una pareja imbatible.

Su número es el cuatro, símbolo de la estabilidad, el orden, la madurez y la materia. Representa las cuatro patas de la mesa, los cuatro puntos cardinales, los cuatro palos de los arcanos menores (copas, oros, bastos y espadas), los cuatro elementos, los cuatro signos zodiacales mutables, cardinales y fijos, las cuatro fases lunares, las cuatro estaciones, las cuatro virtudes cardinales (justicia, prudencia, fortaleza y templanza) y las cuatro letras que, según los hebreos, componen el nombre de Dios: Yod-He-Vav-He. Sin duda, se trata de un número contundente e invencible.

Como arquetipo, El Emperador remite al padre y a las figuras de poder. Si el vínculo con la madre (Papisa, Emperatriz) marca la relación con el mundo interno y espiritual, el vínculo con el padre determina la confianza para salir al mundo exterior y atrevernos a conquistar nuestros sueños. El Emperador puede representar a un padre generoso y amoroso o a uno rígido, racional y autoritario. Si supo integrar su energía femenina, será un padre cariñoso y contenedor, también un hombre que ha sabido tener éxito en el mundo.

De lo contrario, puede ser un padre frío y distante para quien la razón estará siempre por encima de todo.

Este aspecto racional del arcano representa uno de los peligros de El Emperador, pues puede llegar a creer que el mundo material es todo lo que existe, desconectándose de la dimensión espiritual. Desde su sombra es pura cabeza, por eso gran parte del trabajo interno que nos propone nos lleva a cuestionar nuestras estructuras mentales más radicales. Derrumbar nuestro sistema de creencias implica renunciar a viejas identidades para aprender a vernos con otros ojos. Desde su luz, El Emperador es la encarnación de una mente sólida y poderosa, capaz de manifestar la vida que desea. La mente sólida no piensa en cómo conseguirá lo que anhela, lo que generalmente enturbia el proceso de manifestación. Sencillamente siembra su deseo y luego lo suelta para permitir que el universo se encargue del resto.

Además, este arcano viene a cuestionarnos todas las creencias que tenemos sobre el poder y nos asegura que no hay ningún peligro en ser poderosos. Cuando El Emperador no vive plenamente su poder, se convierte en un líder déspota y autoritario. Por supuesto, cuando lo integra es un ejemplo a seguir, un dirigente capaz de ser empático y solidario.

Pero ahí no culmina su trabajo. En este arcano también encontramos todos los mandatos del mito patriarcal, el cual ha orientado las relaciones entre hombres y mujeres durante siglos. A los hombres les ha hecho creer que conectar con sus emociones es sinónimo de debilidad, que deben ser fuertes, autoritarios y que lo importante está en la razón. El hombre se convenció de que la única manera de demostrar su hombría era siendo fuerte y productivo. Convertirse en el proveedor y protector del hogar ha sido sinónimo de su valía.

Las mujeres hemos crecido soñando con la llegada del príncipe azul, ese hombre perfecto capaz de protegernos y darnos todo lo que necesitamos: amor, romance, dinero y seguridad. A lo largo de los años, hemos creído que nuestro valor personal se confirma a través del reconocimiento de nuestra pareja y familia, paralizando nuestra fuerza femenina. También hemos cargado con la idea de que el bienestar emocional del hogar depende únicamente de nosotras, relacionando el amor con el sacrificio.

Desde el mito patriarcal, muchas mujeres han optado por la sumisión, cediéndole totalmente el poder a su pareja. Han silenciado su voz y apagado su mirada. Lo masculino y lo femenino se han caricaturizado. Por esto, uno de los temas fundamentales que nos pide atravesar este arcano es el mito patriarcal. Para poder hacerlo, nos empuja a vernos como somos y a danzar juntos, activando nuestro valor y abriendo nuestro corazón.

El Emperador también nos habla de nuestro mundo material y de la relación que tenemos con la energía del dinero. Desde su más alta conciencia, este arcano vibra con la energía de la generosidad. Como puede darlo todo, lo tiene todo. Por supuesto, desde su sombra nos conectará con ideas de escasez, con la sensación de que otros siempre tienen más y con la creencia de que hay que prevenir y guardar.

Pero desde su luz, el dinero llega a él como un flujo constante. Es consciente de que, para poder desempeñar su propósito en esta vida, necesita tener recursos materiales que le permitan moverse y hacer lo que necesita. Jamás verá el dinero como un impedimento sino como un aliado necesario para transitar por este mundo y cumplir con su misión. Desde su sabiduría nos enseña que la seguridad no se encuentra en las posesiones sino en el poder que emana del interior.

Los caminos de EL EMPERADOR

El camino de los límites

El Emperador nos enseña a poner límites, ya sea a otros o a nosotros mismos. Si un emperador no es capaz de poner límites en su reino, cualquiera puede sentirse con derecho a invadir su territorio. Él nos enseña que poner límites es lo más amoroso que podemos hacer por nosotros y por los demás. Los límites crean un nuevo orden en las relaciones y permiten estructurar los vínculos desde un lugar mucho más sano. Con las reglas claras, el amor fluye sin impedimentos.

El camino de la unión de la materia y el espíritu

Para El Emperador la espiritualidad y la materia son lo mismo. Este camino nos enseña a no crear divisiones. Por una parte, no hay que caer en extremos y pensar que, si algo es espiritual, no puede costar dinero. Por otra parte, nos recuerda que la vida es mucho más de lo que conocemos. Creer que lo que perciben nuestros ojos es la única realidad posible es caer en la trampa del encierro de la materia. Vivir solamente desde el cuadrado nos aleja de la magia de la vida.

El camino del masculino sagrado

El Emperador entiende que la energía masculina debe transformarse, tanto en hombres como en mujeres. Para los hombres se trata de empezar a integrar su femenino, así como lo hace este arcano. Al hacerlo se darán cuenta de la importancia de darle un lugar a sus emociones y de escuchar su intuición. Para las mujeres, este camino las conduce a entender que para darse valor no es necesario volverse rudas, distantes y frías. Muchas mujeres creen que mostrar sus emociones es debilidad, dejando a un lado su femenino sagrado. En ese sentido, El Emperador nos enseña a tomar la energía masculina para organizarnos y concretar ideas y proyectos en el mundo, pero también nos recuerda que en nuestra dulzura y suavidad está nuestro poder.

Las preguntas de EL EMPERADOR

¿Cómo está mi vida material?
¿Qué efectos ha tenido el mito patriarcal en mi vida?
¿Cómo es la relación con mi padre?
¿Cómo me relaciono con las figuras de poder?
¿Qué creencias tengo sobre el poder?
¿A quién o en qué tengo que poner límites?

El cristal de EL EMPERADOR

El jade verde, porque nos ayuda a conectar con los deseos del alma, con eso que queremos conquistar. Desde la antigüedad se le ha considerado una piedra sagrada por sus cualidades sanadoras y su capacidad de equilibrar el cuerpo emocional.

De la mano de EL EMPERADOR

Observa tu sistema de creencias

Permítete hacerlo y pídeles ayuda a los seres de luz que te guían para que puedas observar esas creencias fijas que estructuran tu mente y tu manera de percibir el mundo. Para este propósito es muy útil comprar una pequeña libreta. Compra una que te guste mucho y llámala "libreta de pensamientos". Cada vez que tengas un pensamiento que consideres limitante, negativo o que relaciones con alguna idea que has oído constantemente de tu familia o tus amigos, anótalo. Entre más lo hagas, será más fácil registrar los pensamientos. Por la noche, revisa los pensamientos que tuviste durante el día. No te juzgues, no se trata de eso, solo observa y luego ponlos en duda. Finalmente visualiza una luz muy poderosa o un fuego enfrente tuyo donde vas a depositar esas creencias. La luz o el fuego se encargarán de transmutar todos esos pensamientos. Observar, hacer conciencia, dudar y entregar es un gran paso para empezar a cambiar tu manera de pensar. Estás llevando luz a tu conciencia y comenzado a crear una nueva estructura de pensamiento.

Revisa cómo es la relación con tu padre y las figuras de poder

Observa qué sientes cuando estás frente a tu padre o una figura de poder, qué te molesta y qué se mueve dentro de ti. No rechaces eso que quiere expresarse, está ahí para decirte algo. Permítete escucharlo. Luego escribe todo lo que te genera esa persona, escribe sin juicios, sácalo todo. Si prefieres, puedes hablar en voz alta, imagina que ese ser está enfrente tuyo y exprésate. Dile a tu padre o a esa figura de poder todo lo que te has guardado, que no quede nada. Después de esta descarga emocional posiblemente te sientas cansado. Aprovecha ese estado para acostarte, encender una vela, respirar profundo y poner música que te guste. Desde ese lugar agradece. No te quedes en el quejido: el quejido es clave al comienzo, pero hay que trascenderlo. Agradece que tu padre es el padre que elegiste, el que necesitabas para tu evolución en este plano.

O que esa figura de poder es un espejo que te está enseñando mucho sobre ti mismo(a). Todo ha sido perfecto. Todo está en orden. Seguramente los otros no cambiarán, pero tú sí empezarás a hacerlo.

Realiza un baño de purificación del cuerpo mental con eucalipto y ruda

Este baño lo hice muchísimo durante la cuarentena. Me encanta porque ayuda a soltar miedos y angustias, y nos hace sentir tranquilos y protegidos. El eucalipto limpia y libera el cuerpo mental, los pensamientos recurrentes y el miedo a soltar viejas estructuras, y ayuda a enfocar la energía. La ruda limpia los pensamientos densos y negativos, reduce la ansiedad y protege. Si puedes, hazlo durante tres noches seguidas. Con tu intención primero limpia las hierbas, después pon a hervir agua en una olla grande. Cuando el agua esté hirviendo agrega las hierbas y déjalas hervir cinco minutos más. Apaga el fuego y espera dos o tres horas mientras las hojas sueltan toda su vibración en el agua. Luego cuela esa agua, agrégale tres gotas de aceite esencial de menta (descongestiona la mente y la ayuda a enfocarse) y báñate (el agua debe estar calientica por supuesto). Dúchate normal y luego échate el baño de hierbas del cuello a los pies; no te enjuagues ni te seques. Ponte la piyama y a la cama. Recuerda que estos baños no hacen el proceso por ti, solo te acompañan y apoyan cuando decides empezar a despertar.

V
LE • PAPE

EL PAPA

Sigo mi corazón

> ***Palabras clave:*** puente, maestro, sacerdote, sabio, mediador, poder espiritual, alianza, benevolencia, ritual, bendición o maldición, dogmas, padre idealizado, necesidad de reconocimiento, falso gurú, perversión.

El Papa nos señala la vía del corazón. Para mí, ese siempre ha sido el regalo más hermoso de este arcano. Con la mano derecha ubicada en el pecho actúa desde lo sagrado para indicarnos el camino, y con su báculo en la mano izquierda nos revela que gobierna con el corazón. Papa significa puente: une y armoniza los opuestos. Desde su sabiduría nos propone crear un puente entre la vida que ha conquistado El Emperador y los nuevos anhelos del espíritu. Es la quintaesencia, una cualidad que trasciende la realidad conocida por el arcano cuatro.

Al tener la mano en el chakra del corazón, también nos habla de nuestros centros de energía. El chakra del corazón es el puente entre los chakras inferiores (raíz, sacro y plexo solar) y los chakras superiores (garganta, tercer ojo y coronilla). El Papa nos pide ir más allá de los tres primeros chakras para elevar nuestra conciencia. Es el puente que nos conduce hasta Dios.

Además, su número es el cinco. Para muchos iniciados es el símbolo de Cristo, del verbo, los cinco sentidos, los cinco dedos de las manos y de los pies. En el cinco hay un nuevo movimiento y también una tentación, pues nos invita a ir por más, a darnos cuenta de que la vida es mucho más de lo que nos dijeron y a hacer las cosas de otra manera.

Cuando hemos conquistado todo lo que queríamos durante nuestro paso por El Emperador, y la vida parece tan estructurada, El Papa surge para recordarnos que el espíritu del ser humano jamás se conformará con los logros alcanzados en la materia y que nuestra alma nos empuja a todos, sin excepción, a realizarnos. Los que no escuchan ese clamor interno generalmente caen en el sinsentido de la vida, generando un gran dolor en el corazón. Pueden tenerlo todo, pero sienten que todo les falta porque no han conectado con la dimensión espiritual de la existencia.

Sin embargo, en un mundo dominado por la razón y la materia, ¿cómo conectar con el corazón?, ¿cómo tener la certeza de que estamos escuchándolo? Para saberlo, El Papa nos propone transitar el camino de la coherencia. Nos asegura que cuando somos coherentes nos vinculamos realmente con el poder del corazón. Por eso nos pide tener una coherencia absoluta entre nuestros pensamientos, nuestras emociones, nuestras palabras y nuestros actos. Un complejo reto para el ser humano que suele verse dividido y fragmentado: piensa algo con total convicción, pero hace, siente o dice lo contrario.

El reto de El Papa es inmenso, pero no imposible. Nos motiva a utilizar todo nuestro potencial y a comprender que cada proceso es distinto. Si algo nos enseña este arcano es a ser benevolentes con nosotros mismos y con los demás. Nos invita a ser compasivos, en el entendido de que todos hacemos lo mejor que podemos desde el conocimiento y nivel de conciencia que tenemos.

Pero desde la sombra El Papa nos muestra su peor faceta. Puede ser un hipócrita y un perverso, un ser que se aprovecha de su conocimiento para hacer un mal uso de su poder, como lo han hecho tantos sacerdotes, pastores cristianos, presuntos maestros espirituales, profesores de yoga, astrólogos y tarotistas. Un Papa en sombra puede ocultar sus verdaderas intenciones o tener una oscura relación con la sexualidad, como ha sido el caso de tantos sacerdotes de la Iglesia católica.

Este arcano nos pide revisar nuestros dogmas para descubrir cuáles son esas creencias religiosas con las que nos criaron o con las que aún comulgamos que nos limitan y nos impiden avanzar. Conozco varias mujeres que, aunque están en un matrimonio que no funciona, no se atreven a divorciarse porque creen que una unión, como lo dicen en las bodas, solo se acaba con la llegada de la muerte. Muchos otros no se animan a vivir plenamente su sexualidad por miedo al pecado o les da pánico recorrer otros caminos espirituales por la idea perversa del infierno.

Por otra parte, el arcano cinco es el arquetipo del padre benévolo y amoroso. También representa la necesidad de reconocimiento de alguno de los padres o de un maestro y puede hablarnos de aquellas bendiciones que, según nuestro sentir, no se hacen presentes en la vida. Dependiendo de cómo lo experimentemos, con la mano El Papa nos da su bendición o nos excomulga y maldice. Muchas veces, cuando no obtenemos lo que deseamos, culpamos a Dios y creemos, falsamente, que no nos ha bendecido.

Por ejemplo, la mujer que no logra quedar embarazada y siente que la bendición de Dios no llega, quienes creen que están destinados a una vida de escasez o los que no logran tener una relación de pareja estable y culpan a Dios por eso, creyendo que no los bendijo con el amor. La verdad es que Dios siempre quiere y siempre bendice, lo que sucede es que la bendición muchas veces llega de la forma más inesperada.

El Papa también es el arquetipo del maestro y del sabio. Si La Papisa se comunicaba a través de la intuición y el silencio, El Papa lo hará verbalizando sus conocimientos. A sus pies aparecen dos acólitos en busca de enseñanzas que los inspiren en su camino de transformación. Es la primera carta de los arcanos mayores en la que encontramos más personajes.

A estos seres no les vemos la cara, pero sí su postura de rendición ante la figura del maestro. Según Alejandro Jodorowsky y Marianne Costa, el personaje de la izquierda "representa lo que se ha llamado en la tradición alquímica la 'vía seca', la del estudio y el esfuerzo. El discípulo de la derecha, por el contrario, recibe directamente las enseñanzas del Papa a través del báculo que toca su cabeza; encarna la "vía húmeda', la de la recepción inmediata, la de la iluminación y la revelación"*. El Papa nos deja claro que no se trata de elegir entre una vía y la otra, pues es necesario experimentar ambos estados en el camino de evolución espiritual.

Desde su luz, este arcano nos ayuda a reconocer el maestro interior que mora en cada uno de nosotros, pero desde su sombra El Papa puede ser un falso gurú, un maestro que hace un mal uso de su poder y utiliza a sus discípulos para su propio triunfo y bienestar. Es el ego espiritual a toda potencia. Mi experiencia me ha enseñado que un maestro real siempre nos lleva hacia nosotros mismos; un falso gurú, por el contrario, nos conduce hacia él.

Entregarle nuestro poder a un falso gurú es sumamente peligroso, pues nos hace creer que sin la presencia del maestro es imposible trascender. Un buen maestro es como un hermano mayor que tiene un poco más de experiencia. Por esto, desde la benevolencia, El Papa nos recuerda que no hay nada que nos diferencie y que lo que él ha logrado también lo podemos lograr nosotros porque todos, sin excepción, somos hijos de Dios.

---

*Alejandro Jodorowsky y Marianne Costa, *ibíd*, p. 179.

Durante algunos años, cuando estuve muy metida en el hinduismo, llegué a creer que sin un maestro sería imposible lograr cualquier avance espiritual. Todo comenzó cuando leí *Autobiografía de un yogui*, de Paramahansa Yogananda, uno de mis libros favoritos. Su historia me maravilló, estaba fascinada con el *kriya yoga*, la práctica que Paramahansa proponía, y deseé con todas mis fuerzas acceder a esa información.

Al poco tiempo llegó a Bogotá una maestra de *kriya yoga* que afirmaba pertenecer al mismo linaje de enseñanza de Paramahansa y sus maestros. Asistí a una iniciación de *kriya yoga* con ella y emprendí ese camino con devoción. Estaba convencida de que era la manera de lograr mi realización espiritual. Pero con el tiempo empezaron a exigirme cada vez más. Si realmente era una discípula fiel debía mostrar total obediencia a la maestra, quien era fuerte en su trato cuando algo la disgustaba. Luego comenzaron a manejar la información por niveles, como lo hacen la mayoría de las sectas.

Entre más avanzaba de nivel, más información me daban, pero más me exigían. No recuerdo si estuve tres o cuatro años allá, pero sí tengo presente que el día que empecé a abrir los ojos fue cuando me dijeron que no podía hacer otra meditación que me gustaba mucho y que yo seguía practicando hasta ese momento, porque no provenía de las enseñanzas de la maestra. Dijeron que la única manera de llegar a la verdad era a través del camino trazado por ella en sus prácticas y meditaciones. No necesitaba buscar ni desear nada más.

Pero yo no creo que haya un único camino y mucho menos una única práctica que nos ayude a despertar. En esa época viajé a la India y, aunque creí que al saber tanto sobre el hinduismo iba a conectarme muchísimo y casi que alcanzar el nirvana, sucedió todo lo contrario. Sentí un enorme rechazo y mucha angustia. No encontré espiritualidad, vi fanatismo. La India me revolvió todo y me ayudó a regresar a mi verdad. Allá me di cuenta de que no hay que ir a un lugar específico o seguir a un maestro para avanzar en el camino espiritual. Ni siquiera hay que hacer algún esfuerzo. Tan solo tenía que atreverme a ir adentro, a mi propio universo, y empezar a recordar. Había vivido El Papa desde su sombra, pero decidí tomar su luz y conectar con mi corazón. Desde mi experiencia hoy puedo asegurarte que cruzar el puente no es difícil, lo difícil es no hacerlo.

Los caminos de EL PAPA

El camino del vacío

El Papa nos invita a abrirnos a la más elevada información espiritual. Nos pide confiar en nuestro corazón y dejarnos guiar por sus pedidos. Para salir de los dogmas y de las ideas religiosas que nos limitan, nos anima a acceder a un conocimiento espiritual que puede transformarnos la vida y ayudarnos a vivir en coherencia. Nos propone entrar en el vacío, liberar a la mente de tantas ideas erróneas y limitantes, y conectarnos con la nada, donde realmente está el origen de todo. Es allí donde danzan todas las posibilidades.

El camino de la enseñanza

El Papa es un maestro. Uno de sus caminos nos invita a compartir nuestra sabiduría con los demás. Este arcano nos entrega el don de la enseñanza y nos abre la posibilidad de transmitir a otros lo que sabemos desde la coherencia del corazón. No tenemos que vestir de blanco ni usar turbante para hacerlo. El Papa nos asegura que, si lo sentimos, podemos compartir generosamente lo que sabemos. Nos impulsa a tener confianza y a darnos cuenta de que cuando ayudamos a otros también nos ayudamos a nosotros mismos. “Sé generoso con tu conocimiento”, nos dice El Papa.

El camino de la tentación

Aunque suene extraño, El Papa nos tienta a hacerlo diferente, a caminar por otros caminos, a descubrir nuevas enseñanzas y a expandirnos. Nos garantiza que el ser humano necesita de la espiritualidad y que una vida sin ese componente cae fácilmente en el sinsentido. Nos tienta a ir por más, a dejar de lado el conformismo y a comprometernos con nuestra espiritualidad.

Las preguntas de EL PAPA

¿Soy coherente? ¿Cuándo sí y cuándo no?
¿Qué creencias religiosas o espirituales
aun siento que me limitan?
¿Qué tanto escucho a mi corazón?
¿En qué aspectos de mi vida no me siento bendecido?
¿Comparto mi sabiduría con otros?
¿Qué me impide hacerlo?

El cristal de EL PAPA

La esmeralda, porque nos ayuda a sanar viejos dolores para restablecer la vibración del amor y descubrir el tesoro del corazón. Además, equilibra el cuerpo físico y emocional.

De la mano de EL PAPA

Practica la respiración del corazón

Una de las maneras más fáciles y eficaces de conectar con el corazón es respirando desde ese lugar del cuerpo. El Instituto de Matemáticas del Corazón, en Houston, Texas, lleva años investigando los beneficios emocionales, físicos y psicológicos que trae el hecho de respirar desde el corazón (no desde el chakra, desde el órgano). Si quieres aprender los diferentes pasos de la técnica hay talleres destinados a ello, por ahora solo quiero enseñarte el primer paso. Es muy simple y poderoso y siempre lo hago con mis consultantes antes de una lectura de tarot. Cierra los ojos, lleva la atención a tu corazón y siente como el aire sale y entra desde allí. Si puedes, mientras lo haces, recuerda algún momento muy feliz de tu vida y mantente así por unos minutos, respirando desde el corazón y recordando ese momento. Este ejercicio cambia los latidos de tu corazón y crea un campo de coherencia a tu alrededor que te ayuda a estar más enfocado y tranquilo.

Conecta con el poder de la esmeralda

Trabajemos con la esmeralda (la piedra de Colombia). Este bello cristal es considerado por muchos la piedra del amor, pues nos ayuda a conectar con la paciencia, la alegría y la inspiración. Te propongo que la limpies, puedes hacerlo con sal marina, el humo de la salvia blanca o dejándola unas horas sobre la tierra. Durante cinco días llévala contigo sobre tu pecho. Puedes comprar un pequeño dije de esmeralda que puedas usar cada vez que quieras (o si eres mujer puedes meter la piedra en el brasier). En las noches, duerme con el arcano de El Papa y la esmeralda debajo de la almohada, y antes de acostarte responde las siguientes preguntas: ¿cómo está mi corazón?, ¿qué necesita de mí?, ¿qué regalo tiene para darme? Esto te ayudará a entrar en contacto con los pedidos de tu corazón, a escucharlo, a tenerlo presente y a ir cultivando la coherencia.

Agradece

Agradecer expande el corazón y nos conecta con el milagro de la vida. Siéntate cómodamente, junta las palmas de tus manos y ponlas sobre tu pecho, donde está el chakra del corazón. Cierra los ojos y repite en silencio la palabra "gracias" tres veces. Luego ábrelos, mira a tu alrededor y di en voz alta "gracias" tres veces más. A continuación, escribe en un cuaderno una lista de 100 cosas por las que te sientes agradecido. Si te parece que 100 es mucho, comienza a hacer el ejercicio y date cuenta cómo van apareciendo esas 100 cosas, momentos, situaciones o personas. Agradece desde la abundancia no desde la escasez, no lo hagas pensando en lo que tú tienes y otros no tienen. Solo enfócate en ti y permite que la energía de la gratitud se expanda desde tu corazón.

VI
LAMOVREVX

EL ENAMORADO

El amor es mi herencia

Palabras clave: **amor, elección, compromiso, libertad, deseo, pasión, protección, indecisión, triángulo amoroso, vida social, comunidad, relaciones públicas, suegra difícil, placer, belleza, enamoramiento, complejo de Edipo, encrucijada.**

El Enamorado afianza la elección que El Papa ya nos anunciaba: el compromiso con la vía del corazón. El personaje del medio, que bien podría ser el mismo mago que comenzó el camino, se encuentra rodeado por dos mujeres: una más joven, con una corona de flores, que le pone la mano en el pecho, y otra mayor, con una corona de hojas de laurel, que posa la mano sobre su hombro y a quien el personaje central mira de frente. Su cuerpo parece querer estar con la mujer joven, pero su atención se dirige a la mujer mayor.

Arriba, saliendo de los rayos del sol, se encuentra un ángel con un arco y una flecha. Este ser alado podría representar a Cupido, hijo de

Venus, la diosa del amor y la fertilidad, y a Marte, el dios de la guerra. Según cuenta la mitología romana, Cupido poseía dos tipos de flechas: unas tenían las puntas de oro y concedían el regalo del amor, mientras otras tenían las puntas de plomo y sembraban el olvido y el desamor en los corazones. Sin embargo, a diferencia de Cupido, el angelito de El Enamorado no tiene los ojos vendados. Por el contrario, con toda precisión apunta su flecha al corazón del personaje central.

Pero ¿quién es El Enamorado? ¿Acaso el hombre del medio, el ángel o el sol que entrega su luz como un enamorado cósmico de la existencia? En realidad, no lo sabemos y tampoco es relevante, ya que la luz del amor está en todas partes. Lo verdaderamente importante es entender el mensaje que nos trae este arcano sobre el poder de nuestras elecciones.

Por eso resulta propicio preguntarse qué es lo que este personaje tiene que elegir, cuál es su encrucijada. Aunque creemos que hay una gama infinita de opciones, desde su verdad espiritual El Enamorado nos recuerda que en este mundo dual solamente existen dos elecciones: el amor o el miedo. En realidad, no hay más frecuencias. Desde el miedo creemos que todo está afuera y que somos víctimas de lo que sucede en el mundo. Desde el amor asumimos responsablemente nuestras proyecciones. El miedo contrae mientras que el amor expande.

Aunque parezca extremo, cada minuto del día estamos eligiendo cómo percibir lo que sucede en nuestra vida. Elegir el amor es elegir desde nuestra verdad, desde la luz de la conciencia. Pero en una sociedad acostumbrada al miedo no siempre es fácil hacerlo. El miedo evita que observemos esos aspectos de nosotros mismos que preferimos ocultar. Sin embargo, es importante entender que este arcano no nos invita a darle la espalda al miedo. Por eso la mirada del personaje central va hacia la mujer mayor (que podríamos interpretar como la encarnación del miedo), a quien también debe escuchar, pues únicamente enfrentando y solucionando lo que este personaje le propone, podrá experimentar el amor con libertad.

Para mí, otra de las claves de este arcano está en el ángel. Su presencia nos garantiza que no estamos solos en este camino y que siempre tenemos ayuda divina. Decenas de ángeles revolotean al lado nuestro a cada instante y permanentemente contamos con su guía y su luz. Gracias a ese ángel siempre he creído que El Enamorado nos hace una hermosa promesa: jamás nos perdemos en el camino. Podemos retrasarnos, pero no extraviarnos.

Si elegimos el miedo, el cielo no nos condenará. Todo hace parte de la experiencia humana porque todo lo que aprendemos nos conduce a elegir de nuevo y nos acerca, de una u otra manera, al amor. Lo que sucede cuando elegimos el miedo es que atrasamos la dicha que trae el regalo del amor. Si escogemos el miedo, observemos desde dónde lo elegimos y de qué creemos que nos protege. El miedo no es un enemigo, si peleas con él o lo rechazas, le das más fuerza. El miedo siempre tiene algo para decirnos y, cuando se trasciende, conectamos con la verdadera confianza.

Otro tipo de encrucijadas que pueden presentarse en este arcano están relacionadas con la elección entre la virtud y el vicio, la madre y la novia o la decisión de ser fiel a sí mismo y traicionarse para darles gusto a otros. Las dos mujeres también pueden representar un conflicto con una suegra difícil, una madre sobreprotectora que no suelta a su hijo, un hombre o una mujer que es infiel o la posibilidad o imposibilidad de pasar de un concepto de lo femenino que heredamos de nuestra madre a uno que construimos nosotros mismos.

Por supuesto, cuando estamos frente a dos caminos se abren dos posibilidades. Elegir una es rechazar a la otra. El Enamorado puede enfrentar esa decisión como una oportunidad para afianzar su voluntad interior (su mano se posa sobre el cinturón amarillo, símbolo de su poder personal) o como una vía directa a una de las trampas más comunes del ego: la indecisión y el miedo a equivocarse. Por eso, como lo mencioné antes, el personaje del centro mira con conciencia a la mujer mayor. Al observar el miedo podrá disolver sus tensiones internas y ser fiel a sí mismo.

Recuerda que a Jesús el diablo lo tentó en el desierto ofreciéndole todos los tesoros del mundo, pero él se mantuvo fiel a sus convicciones. Gandhi jamás negoció con su filosofía de la no violencia, aunque eso le costó la vida, ni Van Gogh dejó de pintar el mundo como lo veía para ajustarse a la estética de la época. Si en El Papa el ser humano aprendió a ser coherente, en esta etapa de evolución tendrá la voluntad necesaria para no ceder ante los caprichos del ego. De lo contrario, empezará a hacer concesiones creyendo que debe seguir las normas del sistema para poder encajar, aunque eso signifique ir en contra de sus propios principios.

Por otra parte, El Enamorado es la entrada a la vida social. Es el primer arcano en el que aparecen varios personajes. Si bien El Papa tenía a sus dos acólitos, estos eran pequeños y estaban de espaldas, pero en esta carta hay tres personajes centrales del mismo tamaño. Este arcano nos recuerda que en este mundo no estamos solos, necesitamos aprender a vivir en comunidad y arriesgarnos a conectar con el otro, que ha sido uno de los mayores retos que hemos tenido y que seguimos teniendo como humanidad.

El Enamorado también nos habla de la llegada del enamoramiento, el cual puede ser una puerta maravillosa al amor o una adicción. Muchas personas pasan de una relación a otra queriendo sentir, una y otra vez, las llamadas mariposas en el estómago, las cuales no duran para siempre. Mientras el enamoramiento pasa, el amor permanece*. Desde su sombra, El Enamorado puede convertirse en un donjuán y verse envuelto en tríos amorosos e infidelidades. También puede caer en el narcisismo o presentar un complejo de Edipo no resuelto.

Pero desde su luz encarna el amor consciente, el que se elige y se cultiva todos los días, así como el placer y la dicha de la vida. Además, nos recuerda que las relaciones no son para siempre, que hay ciclos que culminan y que los vínculos no deben mantenerse por

*En el tarot, por ejemplo, la vía del amor en pareja la transitamos realizando el trabajo interior que nos proponen El Enamorado, La Casa Dios y El Sol.

apego. También nos invita a entender que el éxito de una relación no está basado en el tiempo y que el amor es un regalo de por sí.

El número seis se representa como dos triángulos entrelazados, uno apunta hacia arriba y otro hacia abajo, formando una estrella de seis puntas que reúne las fuerzas espirituales y terrestres. Simboliza el corazón humano, el centro de coherencia que nos guía durante el viaje por este planeta.

Los caminos de EL ENAMORADO

El camino del compromiso

Este camino nos recuerda que nos comprometemos con el miedo o con el amor. De ese compromiso dependerá la manera como asumamos los retos y regalos del camino. Cuando elegimos el amor podemos unirnos a la voz de Dios que está dentro de nosotros, una voz representada por ese ángel y que yo llamo la voz del Espíritu Santo, pero tú puedes llamarla ser superior o guía divina. Siempre podemos corregir la percepción y regresar al amor.

El camino del placer

El Enamorado está enamorado de la vida. Sabe que es merecedor de todo lo bueno y que Dios solo quiere para él su felicidad. Por eso, con sus pies rojos, se para desde el placer. Decide hacer lo que le gusta, no lo que la sociedad y su familia esperan que él realicé bajo un concepto erróneo del éxito. Si estás indeciso sobre algún aspecto de tu vida, este camino siempre te preguntará: ¿qué te da más placer?, ¿qué te gusta?, ¿qué expande tu corazón? Así obtendrás tu respuesta, una muy auténtica.

El camino de la vida en sociedad

El Enamorado es consciente de que no está solo en este mundo. Parte de su éxito dependerá de su capacidad de trabajar con otros e inspirar a los demás. El otro no es un enemigo, es un hermano o un aliado, y por eso desde su corazón es capaz de decirle: "yo soy tú y tú eres yo". A este arcano no le da miedo el contacto con el otro, pues sabe que cada encuentro es una oportunidad para crecer en conciencia. Además, es en la sociedad donde vive que debe transformarse. Si no, ¿dónde?

Las preguntas de EL ENAMORADO

¿Qué lugar ocupa el amor en mi vida?
¿Cómo está mi vida afectiva?
¿Desde dónde estoy eligiendo?
¿Hago lo que me gusta?
¿En qué aspecto de mi vida no he podido tomar una decisión y por qué?

El cristal de EL ENAMORADO

El cuarzo rosa, porque al reconocer el amor que somos y que nos rodea podemos elegir con facilidad y fluir en la vida. Además, nos ayuda a sanar el corazón y a encontrar la paz.

De la mano de EL ENAMORADO

Trabajemos con el miedo

Así como es de grande tu miedo, así de grande es tu confianza. Uno de los ejercicios que te propone este arcano es hacer una lista de tus miedos. No importa si los juzgas como pequeños o grandes, en el fondo son lo mismo. Luego contesta las siguientes preguntas: ¿qué sientes cuando tienes ese miedo?, ¿en qué parte del cuerpo lo sientes?, ¿cómo reacciona tu cuerpo cuando ese miedo está presente?, ¿de qué crees que te está protegiendo? Permítete descubrir cuál es la enseñanza detrás de tus miedos y después responde a estos interrogantes: ¿qué lecciones te han dejado estos miedos?, ¿qué pasaría si los soltarás?, ¿cómo sería tu vida sin ellos?, ¿cómo se sentiría tu cuerpo? Escribe con todo el detalle que puedas, no te quedes con nada. Permítete sentir esos miedos, atrévete, no vas a morirte, te lo prometo. Siéntelos, comienza a respirar profundamente y después imagina que un rayo blanco, que viene del centro mismo del universo, te baña por completo, disolviendo todos tus miedos e inundándote de una paz infinita.

Abre espacios para el gozo mientras tomas agua de cuarzo rosa

El cuarzo rosa vibra con las más altas frecuencias de amor incondicional, autoaceptación y paz. Para hacer agua con este cristal debes tener una jarra de vidrio y un cuarzo rosa. Limpia el cristal y luego ponlo en la jarra. Llénala con agua y déjala a la luz del sol unas horas, después bebe esa agua durante todo el día. Puedes hacerlo por uno o varios días, permite que sea tu instinto el que te guíe. Durante los días que estés tomando esta agua intenta hacer algo que te guste muchísimo: comerte una rica torta de chocolate, ir a una clase de danza, cocinar, escribir, disfrutar de un masaje, ver una película... lo que sea que a ti te dé mucho placer. Entre más te abras a las frecuencias del gozo y el amor, más fácil te será tomar decisiones y darte cuenta si estás viviendo la vida que deseas o la que otros planearon para ti.

Dibuja tu corazón

Antes de hacer el ejercicio respira unos minutos desde el corazón, como te lo enseñé en uno de los ejercicios de El Papa. Luego dibuja tu corazón. Puedes hacerlo utilizando diferentes materiales. ¿Cómo lo representarías? ¿Qué color o colores tiene tu corazón? ¿De qué tamaño es? ¿Quiénes están ahí?

¿Qué recuerdos hay dentro? ¿Aún carga viejos dolores, la tristeza de un duelo no resuelto o está libre y abierto al amor? ¿Cómo es tu corazón para ti? Dibújalo sin juicios y deja volar tu imaginación. Ver la imagen de tu corazón te ayudará muchísimo a conectar con él y con sus deseos. Cuando termines, ten esa imagen en un lugar visible y observa qué información te va entregando con el paso de los días. Siente si quieres agregar algo o si te gustaría dibujarlo de nuevo a medida que vayas percibiendo un cambio.

VII
L.M.
LE CHARIOT

EL CARRO

Me doy el permiso de realizarlo todo

> ***Palabras clave:*** acción en el mundo, guerrero, gran amante, éxito, triunfo, viajar, comunicar, conquistar, integración, instintos, armonía de los opuestos, entrega, control, victoria, inflexibilidad, dualidad, poder, vehículo.

El Carro es un arcano de muchísimo poder. A mí, personalmente, me ha propuesto un trabajo intenso para integrarme y tomarme por completo. En la carta vemos a dos caballos, que parecen ir en direcciones opuestas, un vehículo en forma de cuadrado o cubo y un conductor que es un príncipe, pues tiene corona y cetro, envuelto por un manto de doce estrellas, símbolo de los doce signos zodiacales. Su carruaje solamente tiene dos ruedas. Sin duda, un carro así va a exigirle al conductor toda su atención, armonía y presencia.

La forma cuadrada del carro representa la materia sobre la que el príncipe se apoya para avanzar en el mundo, mientras las estrellas encarnan la conciencia divina que irradia su camino. Juntos lo empujan a explorar su potencial conociéndose a sí mismo. Sin embargo, si observamos con atención, hay algo extraño en la imagen. Las ruedas del vehículo parecen estar clavadas en la tierra y el príncipe, arquetipo del guerrero interior, no tiene riendas. ¿Se mueve este carro? ¿Avanza hacia algún lugar? Sí es así, ¿quién lo conduce? ¿La fuerza cósmica de la tierra? ¿El ímpetu de los caballos? ¿El príncipe con su conciencia?

Empecemos con los caballos*, en los que para mí radica gran parte del misterio de este arcano. Ambos guían al príncipe hacia su destino y elevan su conciencia más allá de este mundo. Sin embargo, durante años se ha creído que representan fuerzas contrarias que no pueden reconciliarse. A simple vista estos animales parecen ir en direcciones opuestas, pero la orientación de las cabezas y la mirada se dirigen hacia el mismo lado. Tienen un interés en común: ambos desean la realización.

Tradicionalmente se ha afirmado que un caballo es hembra y otro es macho. Por lo tanto, se ha sostenido que lo que busca unir este arcano son las dos energías del ser humano: lo femenino y receptivo, y lo masculino y activo. Pero para mí El Carro va más allá. En realidad, nos habla de nuestras pasiones, de eso que queremos entregarle al mundo y de todo lo que nuestra alma anhela realizar.

Sin embargo, creemos que lograrlo es una tarea ardua y complicada porque desde niños se nos ha enseñado a vernos divididos. Nos han vendido la idea de que lo más importante es especializarse y saber muchísimo de una sola cosa. Eso está genial si esa sola cosa fuera lo único que nos mueve en la vida, pero El Carro nos confirma que el ser humano es holístico y que, en nuestras pasiones, se

---

*Históricamente estos animales han representado el poder, el honor, la lealtad, el amor y la victoria. Según los griegos, el caballo fue creado por Poseidón (dios de los mares) y dedicado a Ares (dios de la guerra) y Hades (dios del inframundo). Los celtas le otorgaron un lugar junto a Epona, la diosa de los caballos, la fertilidad y la naturaleza, y lo consideraban una guía para el hombre en los mundos de los dioses. Los hindúes lo relacionan con Varuna, dios del cielo, el agua y el espacio celestial. Los musulmanes consideran que Alá subió al paraíso en el lomo de un caballo y los pueblos nativos americanos lo han honrado como mensajero de libertad y del conocimiento espiritual.

revela nuestro brillo. Hace siglos una persona podía ser abogada, botánica y astróloga, o escritora, arquitecta y administradora, no había límites ni diferenciaciones. Leonardo da Vinci, por ejemplo, fue pintor, ingeniero, botánico, arquitecto, científico, escultor, filósofo, poeta, anatomista y escritor. Todo lo realizó. Pero hoy peleamos con nuestras pasiones al considerarlas fuerzas colosales imposibles de conciliar. Por supuesto, esto es solo una creencia.

En mi caso, durante muchos años sentí que tener tantas pasiones era un problema. Siempre creí que si me gustara una sola cosa, mi vida sería más fácil y podría enfocar mi energía totalmente en algo. Me encantaba el periodismo, desde chiquita jugaba a entrevistar a mi familia, y tenía clarísimo que iba a estudiar esa carrera. Pero también me enamoré de la historia del arte, quise ser bailarina de flamenco y escribir libros para niños. Luego surgió mi pasión por el tarot, los cristales y el reiki. Aunque estudiaba y me formaba, me parecía muy difícil unirlo todo. En mi cabeza ser periodista no tenía nada que ver con ser taróloga o escritora de cuentos infantiles.

En algunas interpretaciones que leí sobre El Carro, afirmaban que era imposible seguir a dos caballos, dos fuerzas tan inmensas que empujan para lados opuestos. Decían que a veces el príncipe se montaba en un caballo y otras veces en otro. Creí que ese era el camino. Pero cuando me dedicaba totalmente al periodismo sentía que una parte mía faltaba. Cuando me lancé y abrí mi consultorio para hacer lecturas de tarot y sanación reiki, extrañaba horriblemente estar en una sala de redacción. Hasta que entendí que el tarot no es un camino dual. El Carro no nos pide dividir nuestras pasiones; todo lo contrario, desea que nos integremos. Ahí está nuestra fuerza.

Este arcano marca el camino del éxito social, pero no se trata de un éxito a medias. Si el príncipe no une lo que considera opuesto dentro de sí para expresar todos sus dones, jamás sentirá que su éxito es completo. Para lograrlo, debe darse el permiso de realizarlo todo. Yo aprendí a dármelo también. Me di el permiso de escribir y publicar los libros que quería y los que vienen en camino, me di el permiso de hacer una maestría en historia del arte, me di el permiso de seguir trabajando en periodismo, ya no en un medio de comunicación, pues por coherencia no quiero estar ahí, pero sí escribiendo las historias que me apasionan y que afortunadamente aun me publican.

Me di el permiso de estudiar flamenco en Sevilla, España, de formarme durante dos años como terapeuta de cristales y de aprender y enseñar reiki. Pero, sobre todo, me di el permiso de recibir el regalo que el tarot siempre ha tenido para mí. Gracias a eso, pude rendirme y asumir que vengo a transmitir un importante legado. Me siento muy honrada de hacerlo. No lo hubiera logrado jamás, sin las enseñanzas y el trabajo interior que me puso de frente El Carro, un arcano que quiero muchísimo.

Gracias a mi experiencia, puedo asegurarte que este arcano nos pide abrazar nuestras pasiones, pues todo hace parte de nosotros: no estamos divididos. Tampoco fragmentes tu vida con ideas que te hacen creer que es imposible conciliar temas como ser madre y ser libre, tener una relación de pareja y conservar tu poder personal, ser mayor y seguir sintiéndote sensual o cuidar de tus hijos y realizarte profesionalmente. Muchas personas creen que sus deseos son contradictorios y terminan por cerrarse a la vida y no realizar nada. "Por miedo a perder mi libertad no soy madre", "por miedo a ser vulnerable y entregar mi poder, me cierro al amor", "por miedo a sentir que abandono a mis hijos no desarrollo mi emprendimiento". Desde ahí nos paralizamos y nuestro carro no va para ningún lado.

El príncipe sabe que su coche es un vehículo de la conciencia, al igual que lo es el tarot. Una vía para volver a casa y reconocer nuestra divinidad. Simboliza el viaje hacia el éxito en el mundo conocido, pero también el viaje interior que debemos emprender para poder lograrlo. Un viaje sin tiempo que nos conduce a reconocernos en nuestra totalidad. El Carro no va en contra de la corriente; por el contrario, se mueve con el ritmo de la vida y fluye con el magnetismo de la tierra. El príncipe sabe que su voluntad y la de Dios son una sola, y que todos sus dones son regalos divinos que necesitan un canal para manifestarse en este mundo.

Este vehículo de poder, que nos recuerda el trono cuadrado de El Emperador, parece estar enterrado en la tierra, un hecho que nos indica que, en ocasiones, la mejor manera de avanzar es detenerse. Cuando nos movemos desde el ego, el control y la inflexibilidad, vale la pena hacer un pare en el camino y revisar para dónde nos dirigimos y, sobre todo, con qué conciencia lo estamos haciendo. La sombra de El Carro es controladora, obsesiva, terca e impulsiva, sus instintos lo dominan. Resulta vital preguntarnos cuál es nuestra motivación. El éxito por el éxito, la necesidad de reconocimiento y fama o el deseo de servir y manifestar en el mundo todo lo que venimos a entregar. Cuando el deseo es real y está alineado con el alma, la vida siempre responde.

Otro punto clave es que el príncipe no tiene riendas. La única manera de lograr lo que desea es soltando el control, confiando en sus recursos y en la vida que lo sostiene. La mente que quiere controlar es una mente que duda y desconfía constantemente. Cuando quiero controlar, erróneamente creo que todo depende de mí. Desde esa conciencia hay muchas ideas acerca de lo que se necesita hacer para triunfar o para que algo "salga bien". El Carro nos enseña que las cosas no salen bien ni mal, todo resulta según nuestro nivel de conciencia y la capacidad que tenemos de confiar en la luz que nos habita.

Cuando vivimos este arcano desde la luz, hay optimismo, confianza en nosotros y en lo divino, certeza de merecimiento, una gran capacidad de comunicar nuestro mensaje y de mover masas con nuestra presencia, sea física o energética. El Carro es decidido, sabe exactamente a dónde va y no le da miedo viajar, pues cada viaje es una oportunidad para encontrarse consigo mismo. También es el gran amante del tarot. Para mí es puro fuego: creación y vida. El Carro es el arcano de los artistas, de los periodistas y los *coaches*.

Sabe comunicarse, sabe escuchar al otro y sabe pararse en la vida porque vive en profundo contacto con su poder interior.

El número siete es el más activo de los números impares, la acción sobre uno y sobre el mundo. También es un número primo divisible solo por sí mismo y el más importante a nivel material, pues es la cifra clave del mundo de tres dimensiones que habitamos. La Biblia dice que Dios descansó el séptimo día, que el mundo está animado por los siete espíritus de Dios y que la creación consiste en siete esferas de seres creados. Hay siete chakras principales, siete colores del arcoíris y siete vértebras cervicales. Es un número sólido. Su fuerza nace de su capacidad de unir y armonizar los opuestos. Al hacerlo, El Carro siempre nos libera de nuestras propias limitaciones y nos recuerda el camino al hogar.

Los caminos de EL CARRO

El camino de la entrega (suelto las riendas)

El príncipe de El Carro es consciente de la necesidad de soltar las riendas. Sabe que la obsesión por el control solo le traerá sufrimiento y que para avanzar necesita entregarse. No se trata de ceder su poder. Se trata de dejar ir todas las ideas sobre el control, las cuales solo le han traído sufrimiento. Al entregarse a los ritmos de la vida, se da cuenta de su inmenso poder. Comprende que todo lo que merece llegará en su momento y que no puede dejar de actuar en el mundo porque su acción está unida a las fuerzas divinas que residen en él. Al trabajar con los tiempos del cosmos, se libera. No es un esclavo del tiempo lineal, viaja a su manera a sabiendas de que ya todo está realizado, todo está completo.

El camino de la integración de los opuestos

El príncipe de El Carro se da cuenta de que la única manera de sentirse completo es realizándolo todo, dándose el permiso de integrar eso que él considera tan opuesto. Como todo hace parte de su propósito de vida, no se trata de dejar una cosa por otra, sino de abrir un espacio para que sus dones se expresen y trabajen por una meta en común. Cuando concilia lo que cree tan disímil, es capaz de manifestar cualquier cosa que se proponga en el mundo.

El camino del guerrero

Este arcano también representa el arquetipo del guerrero interior. Tiene una confianza infinita en sus recursos y en su visión. Un guerrero, al igual que un carro integrado, sabe a dónde quiere llegar y se dispone a recorrer el camino para lograrlo. Conquista su paz interior, es humilde y se mueve desde sus más profundas convicciones. Sabe que su éxito está garantizado.

Cuando nuestro guerrero está abatido, perdemos el rumbo, nos sentimos sin fuerzas y energía vital. La desesperanza derriba al guerrero. Por eso es clave saber escucharlo y preguntarnos cómo queremos vivir. Nuestro guerrero no nos permite ser conformistas ni se deja engañar por nuestras limitaciones. Él conoce muy bien el poder que reside en cada uno de nosotros.

Las preguntas de EL CARRO

¿Qué no me he permitido realizar?
¿Qué creencias tengo sobre el éxito?
¿En qué situaciones y aspectos de mi vida creo que debo tener el control?
¿Qué siento con la frase: "La voluntad de Dios y la mía son una sola"?
¿Cuáles son mis pasiones?

El cristal de EL CARRO

Voy a recomendarte dos cristales que, según mi experiencia, se conectan muy bien con el trabajo de integración que nos propone este arcano: el citrino y la fosfosiderita. El citrino nos recuerda que el poder está en nuestro interior. Además, nos ayuda a abrirnos al éxito, a reconocer la abundancia y a integrar la materia y el espíritu. Te recomiendo ponerlo sobre tu plexo solar. La fosfosiderita es un cristal hermoso que expande poderosamente la energía, nos llena de vitalidad y determinación. Te sugiero utilizarlo en el cuarto y sexto chakra (pecho y entrecejo).

De la mano de EL CARRO

Crea tu herramienta de poder

Como lo mencioné antes, uno de los arquetipos de El Carro es el guerrero interior. Es importante unirte con el verdadero poder de tu guerrero y con la capacidad que tiene para seguir adelante y lograr lo que quiere. Todos los guerreros tienen una herramienta que los conecta con su fuerza y los ayuda a soltar o cortar aquello que ya no necesitan. Te propongo hacer tu propia herramienta de poder: puede ser una lanza, una espada, unas tijeras, una esfera, lo que llegue a ti es perfecto. Utiliza arcilla, plastilina o algún material que puedas moldear con tus manos. Crea tu herramienta y luego escribe qué poderes tiene, cuándo la utilizas y para qué te ayuda. Ten esto muy claro y después déjala en un lugar visible. Puede ser un altar, un escritorio, una mesa de noche o una biblioteca. Recurre a tu herramienta cada vez que necesites conectar con tu guerrero interior o pedirle guía.

Dibuja tus dos grandes pasiones

En una hoja dibuja eso que tanto te gusta, puede ser tu profesión o una actividad que te apasione. En otra hoja dibuja algo que también te guste mucho o que quieras realizar, pero que consideras muy diferente a lo que pintaste en la primera hoja. Después dedica unos minutos a observar ambas imágenes y crea una nueva. En una tercera hoja dibuja cómo se pueden unir e integrar ambas pasiones. Luego pega esta tercera imagen en la pared encima de tu cama. La idea es que sea lo último que veas antes de acostarte y que sea lo primero que veas al levantarte. Hazlo durante siete días y siete noches, y observa qué sucede.

Suelta el control

El control es una ilusión. La vida nos deja claro, una y mil veces, que no podemos controlar nada. Hacerlo no siempre es fácil, pero puedes empezar dando un primer paso. Para esto te propongo un pequeño acto simbólico. Dibuja las riendas de tu vida, cómo te las imaginas, de qué material y de qué color son, y escribe al lado qué cargan, qué quieren controlar, para qué las necesitas y de qué te están protegiendo. Luego escribe en el papel en el que las dibujaste "Hoy suelto las riendas. Elijo soltar el control y confiar en mí y en la vida que me sostiene. La voluntad de Dios y la mía son una sola". Cuando lo hayas hecho, enciende una vela blanca y quema con la llama de esa vela tus riendas. Si lo deseas luego puedes hacerte un baño de purificación energética con sal marina.

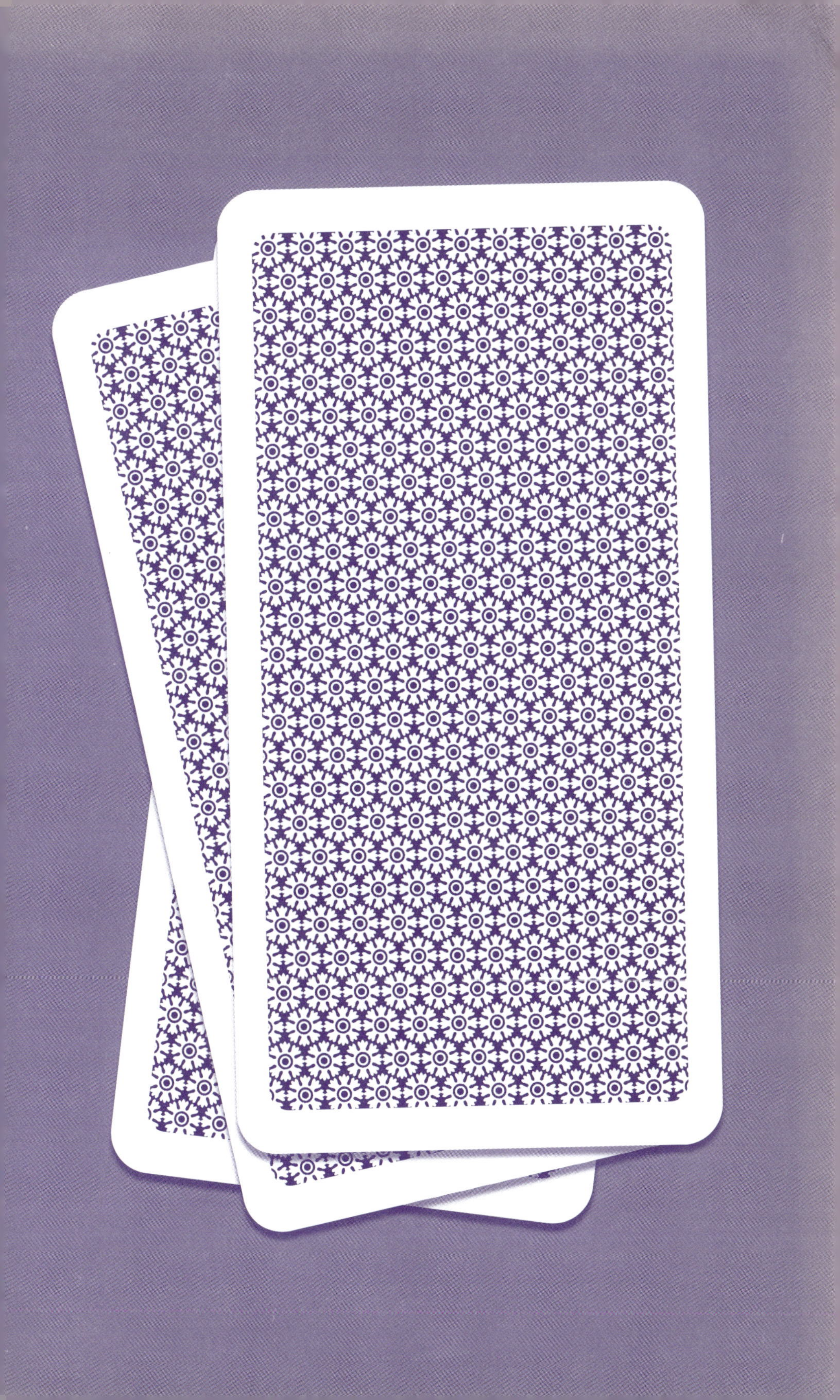

VIII
LA JUSTICE

LA JUSTICIA

Me hago justicia

> ***Palabras clave:*** transformación, equilibrio, estabilidad, madre, valor, perfección, prohibición, autoridad, inflexibilidad, juzgar, victimismo, ley, mujer castradora, armonía, claridad, presente, trampa, corte, espejo de uno mismo.

¿Qué es la justicia? ¿Realmente existe? Si respondemos estas preguntas con base en las dinámicas de este mundo ciertamente contestaríamos que no. Vivimos en sociedades desiguales que favorecen los intereses de unos pocos y en donde los obsoletos sistemas de justicia hace rato se corrompieron. Afortunadamente La Justicia del tarot no es la justicia de los hombres ni tiene nada que ver con la justicia que conocemos en este planeta.

Por el contrario, este arcano es un maravilloso espejo de uno mismo. Nos propone alcanzar el equilibrio al reconocer la divinidad que somos. La Justicia es el primero de los arcanos mayores que nos mira de frente. Al hacerlo, nos pide habitar el presente y tener valor para cuestionarnos nuestra existencia.

Después del impulso de El Carro, La Justicia nos propone detenernos para revisar cómo estamos viviendo y hacia dónde queremos avanzar. Es un ocho, un doble cuatro, símbolo de la perfecta unión entre el mundo material y el mundo espiritual, entre el cielo y la tierra. El ocho, dos círculos sobrepuestos, representa el espíritu eterno y el reflejo de ese espíritu en el mundo de las apariencias.

En la imagen vemos a una mujer con una gran espada. Sin embargo, no está en una posición de ataque ni de defensa. La espada está recta y activa, y es sostenida como si fuera un cetro o un símbolo de poder con el que se establece un límite. Como elemento representa la capacidad para discernir lo verdadero de lo falso, lo superfluo de lo profundo, la fantasía de la realidad, lo justo de lo injusto. También nos conecta con el palo de las espadas del tarot y nos pide revisar, detenidamente, nuestras creencias. Cuando llegamos a este arcano se hace evidente el hecho de que nuestros pensamientos crean nuestra realidad y que, a través de ellos, nos salvamos o nos condenamos, nos reconocemos o nos victimizamos.

La Justicia aparece para preguntarnos ¿qué nos decimos a nosotros mismos?, ¿qué creencias estructuran nuestra vida?, ¿qué pensamientos nos habitan durante el día? Su espada nos motiva a cortar con sistemas de creencias que solo nos han traído sufrimiento. Se trata de darnos cuenta de cómo pensamos para entender los efectos de nuestros pensamientos en la vida que tenemos. Al hacerlo, llevamos luz a la conciencia y podemos volver a decidir, desde nuestra autonomía, cómo queremos usar nuestra mente.

Otro símbolo clave es la balanza, un elemento receptivo con el que La Justicia equilibra el mundo exterior y el mundo interior. Para este arcano, una vida dedicada únicamente a los logros exteriores o una enfocada exclusivamente al cultivo del espíritu, no conduce al balance. El ser humano necesita de ambos. Sus platillos permanecen vacíos, pues están dispuestos a recibir y equilibrar lo que pongamos sobre ellos. Pero también pueden representar la vía que el consciente y el inconsciente encuentran para comunicarse en armonía.

Según los egipcios, Maat, la diosa de la justicia, la verdad y la armonía, ofrecía la pluma de avestruz que llevaba en su cabeza cuando llegaba el momento de pesar el corazón de los muertos. Para lograrlo, en un lado de la balanza se ubicaba la pluma y en el otro el corazón del difunto (símbolo de su conciencia y sus actos terrenales). El corazón debía pesar lo mismo que la pluma. De lo contrario, el difunto no podía acceder a la vida en el más allá, pues no había tenido una existencia justa y plena. Se trata de un relato muy poderoso que nos invita a mantener el corazón ligero y nos recuerda la importancia de vivir con armonía, sin cargas ni grandes pesares que puedan convertirse en lastres con el paso del tiempo.

Desde su luz este arcano es pura sabiduría. Sabe que lo que les damos a los demás nos lo damos a nosotros mismos, y que lo que les quitamos nos lo quitamos a nosotros también. Por eso, la clave de la verdadera justicia está en la capacidad que desarrollemos para ser justos con los demás, pero, sobre todo, para ser justos con nosotros mismos. Hacerlo no es egoísmo. Por el contrario, es saber darnos lo que necesitamos y decidir amarnos.

Hacernos justicia es trabajar en lo que nos hace vibrar, es atrevernos a decir lo que sentimos, es hacernos responsables de nuestros destinos, es elegir cómo queremos hablarnos y a qué pensamientos elegimos darles poder. Hacernos justicia es reconocernos como seres divinos y confiar en que nos merecemos toda la dicha.

Por supuesto, La Justicia también tiene su lado oscuro. Para mí, el juez y la víctima son las dos sombras más complejas de este arcano. Ambas traen mucho sufrimiento. Cuando se despierta nuestro juez interno nos creemos con el derecho de lanzar fuertes opiniones sobre lo que sucede en el mundo y sobre los demás. Juzgamos y condenamos implacablemente.

Desde la víctima, creemos que nuestra situación personal depende exclusivamente de lo que sucede en el mundo exterior o de lo que dicen los demás de nosotros. Sentirse víctima del mundo es renunciar al poder personal y vibrar desde la queja y la tristeza. Cuando no nos responsabilizamos por lo que sentimos o lo que nos sucede, nos quedamos siendo niños, no maduramos ni permitimos que nuestra conciencia se expanda.

Otra sombra de este arcano es la perfección. Si cuando pasamos por El Carro no logramos soltar el control, en La Justicia el deseo de manejarlo todo según el criterio de nuestro ego será más intenso. Detrás de esa necesidad de control siempre hay una idea, muy personal, de perfección. Los criterios basados en lo que está bien y lo que está mal suelen ser muy rígidos y pueden ser heredados, según este arcano, de una madre exigente, de un clan familiar controlador o de una autoexigencia impuesta que puede ser muy peligrosa.

Este es uno de los aspectos con los que más he tenido que trabajar en mi vida. Desde chiquita sentí una gran presión por ser perfecta. Como siempre me ha gustado estudiar, me iba muy bien en el colegio. Sacaba las mejores notas, izaba bandera y ganaba premios a la excelencia académica. Pero eso, que nació del gozo por aprender, se convirtió en un peso. En el fondo, era una manera de ser reconocida. Esto fue cediendo con el tiempo, pero seguí esforzándome en mi deseo de hacer las cosas perfectas. Durante mi carrera en el periodismo me daba muy duro a mí misma por cualquier error y eso generaba una continua tensión interna. He tenido que reconocer las exigencias que me autoimpongo, lo estricta y rigurosa que puedo llegar a ser conmigo misma. A veces cargándome de trabajo y otras veces haciéndolo todo en tiempo récord, lo que termina drenando mi energía.

Esta sombra la vi de frente, una vez más, durante la cuarentena. Cuando llevábamos un mes resguardados exploté, sentí que físicamente no daba más. Aunque la cuarentena tenía esa idealización espiritual que hacía ver el confinamiento como un momento en el que podíamos tener todo el tiempo del mundo para meditar y estar con nosotros, para mí no fue así. Sé que para muchas personas no lo fue. Por el contrario, no paraba de hacer cosas. Estaba escribiendo este libro y terminando otro para niños, limpiando el apartamento, cocinando, haciendo ejercicio, sacando el perro, atendiendo consultas y realizando un curso de emprendimiento.

Yo misma me metí en ese ritmo frenético y me olvidé de hacerme justicia. Recuerdo que un domingo me dije: no quiero ni puedo seguir manteniendo este ritmo. No es amoroso conmigo. Empecé a cambiar poco a poco mis rutinas, a darme cuenta de que soy más productiva en ciertos momentos del día y que necesito espacios para mí. Me di cuenta de que había vivido gran parte de mi vida desde mi energía masculina, que me ha ayudado mucho a estructurarme y organizarme, pero que me puede volver muy estricta, y que necesitaba poner en mi balanza la receptividad y fluidez de mi energía femenina, que solo se manifestaba durante mis lecturas de tarot o durante la meditación. No siempre lo logro, pero poco a poco he ido encontrando un equilibrio y respetándome más.

Gracias a La Justicia también he aprendido que los errores solo son aprendizajes y que la idea de ser perfecta únicamente me protegía de un gran miedo a equivocarme. Hoy abrazo mis errores y doy gracias por ellos. Sé que como seres humanos no somos perfectos, pero como seres divinos sí.

Los caminos de LA JUSTICIA

La belleza de hacerse justicia

Según este camino, la manera más hermosa de hacernos justicia es tomando responsabilidad sobre nuestro destino y sobre la manera en que los pensamientos y sentimientos manifiestan determinada realidad en nuestra vida. Cuando nos hacemos justicia no nos juzgamos, no nos "damos palo" con pensamientos que conducen a la culpa y el miedo. Tampoco nos victimizamos, porque sabemos que vernos desde ahí nos desconecta completamente de nuestro poder. Ser justos con nosotros mismos es vernos desde nuestra magnificencia.

Mirarse en el presente

La Justicia nos mira de frente y nos pide tomar la vida tal como es ahora. A menudo estamos divagando entre el pasado y el futuro. Anhelamos la vida como era antes o una antigua relación que ya no tenemos, o nos vamos para el futuro creyendo que cuando se manifieste algún deseo o proyecto que queremos podremos sentirnos abundantes, felices y tranquilos. Pero la vida siempre sucede ahora, en un presente eterno, y La Justicia nos invita a tomarla tal y como es. Eso no significa que te resignes o que tu vida no pueda cambiar. Significa rendirte y agradecer lo que tienes ahora para vivir de una manera más equilibrada.

Cortar y parar

La Justicia nos pide tener la valentía para cortar con todo lo que ya no necesitamos, con eso que caducó pero que, aunque lo sabemos, no nos permitimos dejar atrás por apego y miedo. Decirle adiós a un trabajo en donde no nos sentimos plenos, a una relación que ya cumplió su ciclo, a rutinas que no nos permiten tener tiempo para cultivar nuestros propios intereses, a maneras de alimentarnos, de pensar y hasta de hablar. Para poder usar esa espada se necesita una gran voluntad interior, una confianza total en nosotros mismos y una apertura hacia la incertidumbre. Cuando la espada se usa no hay vuelta atrás, tampoco sabemos que puede pasar, pues no hay ninguna garantía. La única certeza que tenemos es la fuerza que nos mueve, ese llamado del alma a hacerlo diferente para construir la vida que deseamos y merecemos.

Las preguntas de LA JUSTICIA

¿Qué significa para mí la justicia?
¿Qué aspectos de mi vida necesito equilibrar?
¿De qué necesito deshacerme?
¿En qué creo que la vida ha sido injusta conmigo?
¿Cuáles son mis pensamientos más frecuentes?

El cristal de LA JUSTICIA

La obsidiana, porque nos ayuda a discernir lo superfluo de lo profundo uniendo el espíritu con la materia. También limpia el cuerpo mental invitándonos a observar los pensamientos.

De la mano de LA JUSTICIA

Escribe tu manifiesto

Es muy importante que comiences a darte cuenta del papel que desempeñan tus pensamientos en la creación de tu realidad. Observa tu sistema de creencias durante unos días y luego escribe tu manifiesto de vida a través de ocho puntos principales (pueden ser más) que expresen cómo quieres vivir de ahora en adelante, con qué conciencia quieres verte a ti y asumir lo que sucede en tu vida. Cuando lo termines, fírmalo. Un manifiesto es una declaración de tus principios. Ayuda a aclarar ideas y te compromete profundamente con eso que deseas manifestar. Luego puedes guardarlo en un lugar seguro o enmarcarlo para tenerlo presente. Lo importante es que lo leas cada vez que lo sientas, cada vez que necesites volver a conectarte con tu fuerza interior y el compromiso que has hecho contigo mismo(a). Cumplirte es de los actos más justos y amorosos que puedes hacer por ti.

Haz tratak con este arcano

El *tratak* es una técnica milenaria de meditación cuyo objetivo es aquietar la mente. "Tratak" significa "fijar la mirada" para generar concentración en un punto de visión específico y ampliar la conciencia. Para hacer este ejercicio, necesitas tener la carta de este arcano. Ubícala enfrente tuyo y delante del arcano pon una vela pequeña o mediana, que no te tape la imagen. Enciende la vela (puede ser del color que tú quieras), siéntate cómodamente, con la espalda recta, y comienza a observar fijamente el arcano de La Justicia (que está justo detrás del fuego, a un metro de distancia). Mantén la mirada evitando parpadear mientras respiras profunda y tranquilamente. Hazlo durante ocho o diez minutos, luego cierra los ojos y descansa. Esta meditación trae mucha conciencia sobre el hermoso trabajo interior que este arcano nos propone.

Tan ligero como una pluma

Consigue una pluma que te guste mucho. Puede ser blanca o de varios colores. Incluso puedes pintarla. Medita unos minutos al día con la pluma. Siéntate en postura de meditación, cierra los ojos y pon tus manos abiertas sobre las rodillas. Sobre tu mano izquierda pon la pluma y sobre la derecha, si lo sientes, una obsidiana. Respira lento y profundo y, con tu intención, lleva tu atención a tus pies, luego a tus tobillos, tus rodillas, tus piernas, tu cadera, tu columna vertebral, tu espalda, tus brazos, tus manos, tu plexo solar, tu pecho, tu cuello, tu cara, tu cabeza, tu pelo y tu cuero cabelludo. Luego pon tu atención en la mano que tiene la pluma, siente su peso, su textura y su temperatura. Eso que sientes, que posiblemente sea una sensación muy liviana y fluida, llévalo con tu intención a tu corazón. Guárdalo ahí como una manera de recordarte la importancia de ser justo(a) contigo mismo(a) y de vivir en equilibrio y armonía.

VIIII
L'HERMITE

EL ERMITAÑO

Honro mi camino

Palabras clave: sabio, *hippie*, avance, crisis, sanación del pasado, sabiduría, padre frío o ausente, alcoholismo, terapeuta, peregrinaje, estudio de sí mismo, soledad, retiro, abuelo, maestro, vejez, prudencia, tránsito, altruismo, humildad, luz, conciencia.

El Ermitaño aparece para pedirnos más. Cansado de seguir los mandatos impuestos por la sociedad o los heredados de su familia, se atreve a soltar la vida que ha conocido hasta el momento para honrar su propio camino. La necesidad de dejar lo superfluo para ir en busca de lo esencial lo ubica en un estado de tránsito en el que termina una relación con un mundo conocido y comienza otra con un mundo desconocido. Se aleja de la sociedad, para luego regresar, si lo desea, con una conciencia renovada.

Movido por su fe, se dirige a un sendero inexplorado. Con el farol va iluminando su pasado mientras sus ojos, abiertos y serenos, miran con calma lo ocurrido. El Ermitaño nos enseña a abrazar todo lo que hemos vivido y a seguir adelante. No reniega de su pasado, no lo juzga ni pretende cambiarlo, sencillamente lo ilumina con la luz de una nueva conciencia. Además, lo hace desde el presente, a su ritmo y a su tiempo. El farol evidencia que es la luz la que lo guía. Gracias a la presencia plena de esa luz, símbolo de la llama interior de este arcano, nunca podrá perder el camino.

Pero en medio del proceso inevitablemente tendrá que encontrarse consigo mismo. Por eso, una de las grandes enseñanzas de este arcano tiene que ver con la manera como nos relacionamos con la soledad. Estar solos es un arte. También una oportunidad maravillosa para vincularnos con nosotros mismos y darnos cuenta de que todo lo que necesitamos ya está en nuestro interior.

Desde esa conciencia, un ermitaño en luz siempre sabrá ser su mejor compañía. En el libro *Mujeres que corren con los lobos*, Clarissa Pinkola asegura que "en tiempos antiguos, tal vez como sabemos a través de los escritos de médicos-sanadores religiosos místicos, la soledad deliberada era no solo paliativa sino también preventiva. Se utilizaba para curar la fatiga y prevenir el cansancio. También se usaba como oráculo, como medio para escuchar el yo interior y pedirle unos consejos y una guía imposibles de escuchar en medio del estruendo de la vida cotidiana"*.

Para mí, El Ermitaño es un ser que vive en el mundo como si fuera del mundo, pero sabiendo que no es de este mundo. Lo considero el gran *hippie* del tarot, el peregrino que entiende que el viaje más importante es hacia adentro. Pero desde su sombra puede ser un hombre frío, desconectado de sus emociones, un padre ausente o una persona huraña a la que le cuesta mucho llevar calidez y empatía a sus relaciones.

Yo estoy convencida de que, sin saberlo, el primer arcano que integré en mi vida fue El Ermitaño. Es un arcano que quiero mucho

*Clarissa Pinkola, *Mujeres que corren con los lobos*, Barcelona, España: Ediciones B, 2005, p. 410.

porque desde pequeña me enseñó a estar conmigo misma. Viéndolo en retrospectiva creo que su presencia se hizo muy fuerte cuando entré al colegio. Por cosas de la vida estudié durante seis años en un colegio judío en donde yo era de las pocas estudiantes católicas. Si en algún momento experimenté la soledad fue allá. Por ser católica tuve que soportar el *bullying* constante de los niños de mi curso. Además, me sentía profundamente distinta de mis compañeros, empezando porque mi nombre, María Alexandra, no tenía nada que ver con Isaac, Salomón, Arie o Débora.

Estaba dividida. Era alegre, divertida y espontánea en mi casa, y callada, tímida y algo triste en el colegio. A veces llegaba a mi casa a llorar y muchas veces creí que no pertenecía a este mundo. Fue un tiempo muy doloroso en el que aprendí a estar conmigo misma y en el que conté siempre con el amor y la comprensión de mi mamá, quien me ayudó a unirme cada vez más a mi ser y a iluminar mi camino. Hoy continúo adorando mis espacios de soledad, tal vez por eso nunca he tenido problemas con ir a cine sola, con sentarme en un restaurante sin amigos o con viajar durante meses sin ninguna compañía más que la mía.

Para muchos, por supuesto, vivir un ermitaño puede significar una crisis profunda. Es entendible, pues se trata de dejar atrás lo conocido y lanzarse a algo nuevo que no nos ofrece ninguna garantía. Esto activa inmediatamente uno de los miedos más profundos del ser humano: el miedo a no pertenecer. Si lo hago diferente a como lo hicieron mis padres o mi tribu, me pueden exiliar. Es tan grande el temor a ser apartados del clan, ya sea familiar o social, que muchas veces preferimos quedarnos en la zona conocida.

Pero hacerlo acarrea un peso muy grande: el sentimiento de cobardía y el saber que no luchamos por lo que queríamos. Yo creo que, a pesar del miedo, el pedido del alma siempre es más fuerte y hace mucho ruido cuando no lo escuchamos. También puede conducir a tristezas y depresiones que aparentemente no ligamos con nada, pero que son el resultado de una inmensa desconexión con nuestro propósito de vida.

Otro símbolo clave en este arcano es su bastón, que en la mayoría de las versiones del tarot de Marsella es rojo activo. El Ermitaño debe decidir en qué se apoya: en su fe, su valentía y su sabiduría o en sus miedos y su apego al pasado. De esa decisión dependerá el propósito de su movimiento y la realidad que manifieste en su camino.

Vivir un Ermitaño no significa que explícitamente nos vayamos a una cueva o renunciemos a todo lo que tenemos. Simboliza la entrada al mundo interior. Muchos pueden vivir un ermitaño en medio de sus rutinas y espacios habituales, mientras otros lo harán cambiando de lugar, dejando lo conocido y poniéndose a prueba.

En abril del 2019 decidí que para volver a mí era necesario partir. A finales de agosto del 2018 me habían despedido de un trabajo luego de enfrentar a mi jefe por un tema de abuso laboral; a los quince días me separé después de casi diez años de matrimonio; en enero mi padre murió repentinamente, tuve que dejar mi apartamento y enfrentar varias enfermedades. En marzo del 2019 me mudé a un lugar de donde salí corriendo a las dos semanas. Fue un sitio que elegí desde el afán y el miedo, y donde rápidamente supe que no podía quedarme. En ese momento tomé la decisión de dejar Bogotá durante un tiempo y vivir al lado del mar, lo que siempre había deseado.

Me fascina el calor y tengo una profunda conexión con el mar. Aunque a todos les pareció una locura, como buena ermitaña no pedí consejos, seguí mi corazón y me fui con Maximiliano, mi *golden retriever*. En una casa ecológica (sin aire acondicionado, con baño seco y una estructura arquitectónica bellísima con domos y círculos) en las montañas de Taganga, un pueblo de pescadores, viví varios meses alejada del mundo. Mi única compañía fueron dos gatos, tres perras, un cachorro y mi adorado Maxi. Al lado de esos animales no necesité nada más.

Alejarme me sanó, me permitió salir de viejas estructuras y rutinas, y me dio el regalo de volver a encontrarme con el silencio. Mi ermitaño me condujo y así pude descubrir cuál era el camino que mi alma me pedía empezar a transitar. Si me hubiera aferrado a lo viejo, si me hubiera dado pánico estar sola o lanzarme a lo desconocido, jamás lo hubiera hecho. Pero la luz de mi ermitaño está activa y desde ahí intento moverme siempre.

Por último, quiero contarte que en el tarot de Marsella la palabra Ermitaño se escribe con H. Para muchos estudiosos esto es, sin duda alguna, una clara referencia a Hermes, dios de la alquimia y quien establece el vínculo entre el cielo y la tierra. Además, el número nueve, el primer número impar divisible, es un número sagrado y de iniciación. También es un número de gestación, pues para que un niño nazca se necesitan nueve meses. Tiene características matemáticas misteriosas, pues vuelve sobre sí mismo siempre (2x9=18=9, 3x9=27=9, 4x9=36=9…). John Lennon toda su vida resonó con el número nueve. Incluso le compuso una canción, *Revolution 9*: "number nine, number nine, number nine…".

Los caminos de EL ERMITAÑO

El camino de la soledad iniciática

Para El Ermitaño la soledad es una de sus grandes maestras, pues va a enseñarle el arte de estar consigo mismo. Si no podemos estar con nosotros y ser los responsables de nuestro bienestar, siempre vamos a creer que podemos encontrar la felicidad afuera o vamos a poner sobre los demás la carga de ser los garantes de nuestra dicha. Para El Ermitaño, la soledad se convierte en un camino iniciático que lo lleva a darse cuenta de su inmenso potencial, de todo lo que puede lograr si tan solo aprende a estar consigo mismo y a honrar su propia luz y camino.

El camino de la luz de la conciencia

El Ermitaño lleva un farol. La luz que está contenida en ese pequeño recipiente y que luego se revelará en el arcano de El Sol, le enseña que todo lo que sucede en la vida puede iluminarse con la luz de una nueva conciencia. La mente dual tiende a clasificar los eventos como buenos o malos, felices o tristes, fáciles o difíciles. Pero El Ermitaño sabe que hay una luz, conectada con la verdadera visión, que puede ayudarnos a comprender el mundo desde otra conciencia, sin juicios ni etiquetas.

El camino de la prudencia

La prudencia conduce a la sabiduría. El Ermitaño es humilde, no se vanagloria de su camino ni de sus decisiones, es capaz de respetar la visión de los demás y de no interferir intentando llevarlos por su camino. Sabe que cada experiencia es singular y que cada ser debe encontrar su propio ritmo. Escucha atentamente pero no da consejos, pues prefiere enseñar con su ejemplo. Tampoco busca la opinión de los demás ni se deja tentar por las habladurías. De esa manera se libera de los juicios y aprende a confiar en su ser. Comprende que dentro de sí están todas las respuestas.

Las preguntas de EL ERMITAÑO

¿A qué debo renunciar?
¿Cuál siento que es mi camino?
¿Con qué aspecto de la vida o persona estoy en crisis?
¿Qué es para mí la soledad y cómo me relaciono con ella?
¿Qué poder le doy a la opinión de los demás?

El cristal de EL ERMITAÑO

La howlita, porque nos ayuda a expresar nuestra sabiduría, a soltar apegos y a conectar con nuestra realidad espiritual. Nos impulsa a lograr lo que deseamos y a ser más pacientes y comprensivos con nosotros mismos.

De la mano de EL ERMITAÑO

Camina con tu ermitaño

Según la filosofía zen, caminar con conciencia es una manera de meditar. Antes de empezar alinéate con un propósito y realiza tres respiraciones profundas. Invoca la sabiduría de El Ermitaño, pídele que te acompañe y comienza a caminar lentamente (ojalá lo hagas en un parque o en medio de la naturaleza) llevando toda la atención a cada paso que das. Luego observa el ritmo que llevas, cómo están tu respiración y los latidos de tu corazón. Siente el viento en tu piel, el sol, si lo hay, o las gotas de lluvia. ¿Qué sonidos escuchas? ¿Qué pensamientos vienen a tu mente? ¿Qué emociones surgen? Después de esta caminata consciente, trata de seguir un rato en silencio, no regreses a tu casa a hablar con tu pareja o ver televisión. Hidrátate y escribe qué se movió dentro de ti, qué pensamientos tuviste, qué se siente caminar a otro ritmo, qué te dijo tu ermitaño y qué te pide en este momento de tu vida.

Los otros y tú

Divide una hoja en cuatro columnas. En la primera columna haz una lista de las cosas que anhelas realizar. En la segunda escribe cuáles son esas opiniones de los otros (pareja, familia, amigos, sociedad) que te frenan a hacerlo. En la tercera columna escribe qué siente tu alma cuando les das valor a esas opiniones. Por último, escribe qué podrías hacer para creer más en ti y confiar en los pedidos de tu ser, y comprométete a hacerlo. Cúmplete a ti mismo(a). También puedes tomar agua de howlita (te enseñé como hacerlo en El Enamorado, página 86): su vibración es muy espiritual, te ayuda a relajarte y a comunicarte desde tu luz.

Pasa un día a solas

Puedes quedarte en tu casa o realizar actividades que te gusten. Almuerza en un restaurante sin compañía, ve a un museo, hazte un baño relajante o un masaje, lee, escribe. Si te gusta hacerlo, disfrútalo y date ese tiempo para ti. Si te cuesta, rétate a ti mismo(a) y no hagas trampa: no hables por teléfono durante horas, tampoco chatees ni navegues por internet, es un día para estar contigo. Descubre qué sucede, cuándo te sientes incómodo(a), qué se te dificulta y cuándo te sientes tranquilo(a) y puedes fluir. Estar contigo es empezar a escucharte. Es importante bajar la frecuencia del mundo exterior para conectar con tu propio tesoro. Todo viene de ti. Anímate a regalarte esos espacios.

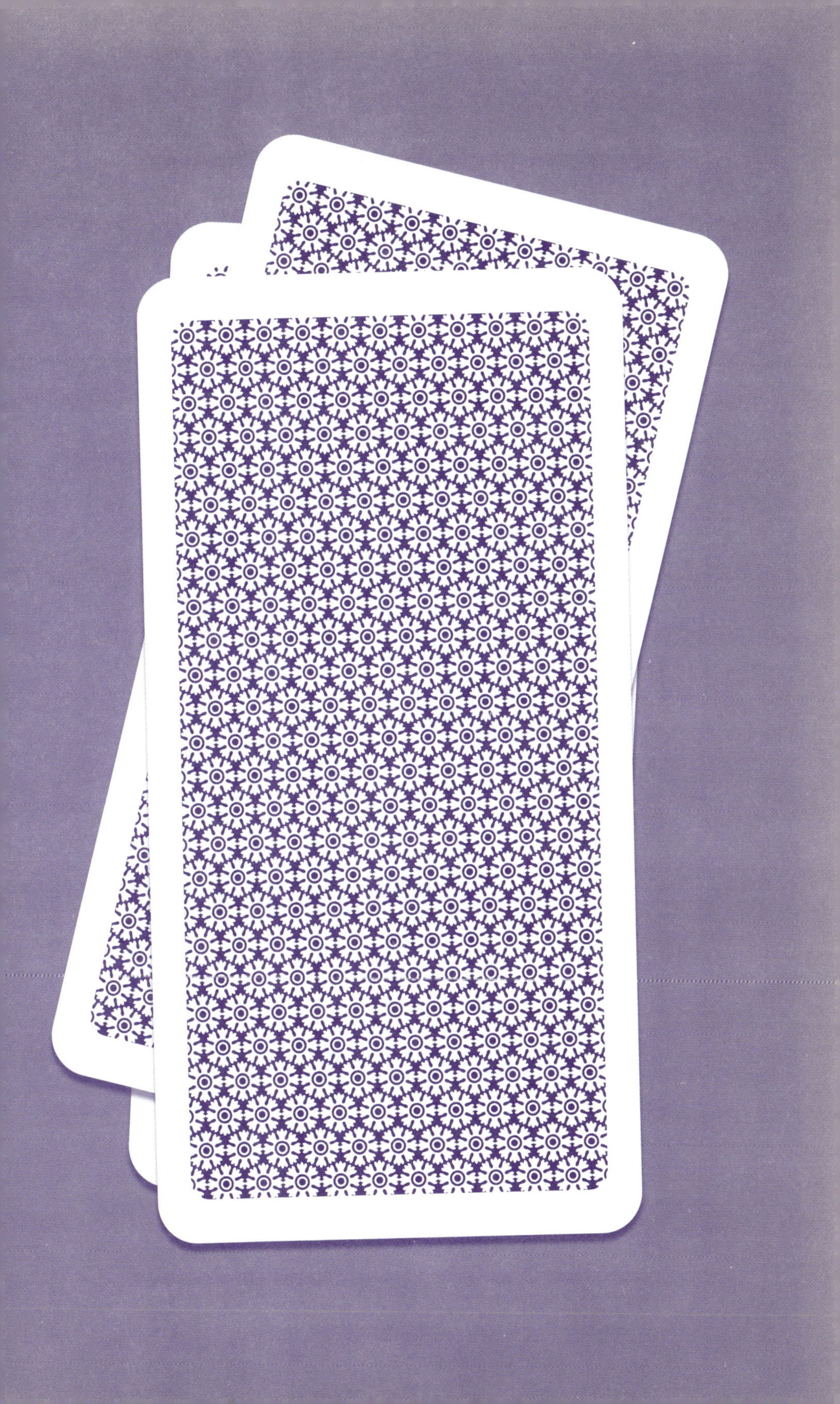

X
L'A·ROVE·DE·FORTVNE

LA RUEDA DE LA FORTUNA

La vida siempre cambia, mi esencia no

Palabras clave: **ciclos, cambios, repetición, ley de causa y efecto, karma, innovación, transición, costumbre, destino, libertad, temporalidad, historia familiar, mutación, girar, ciclo hormonal, astrología, cine, dinero, fortuna.**

A primera vista, La Rueda de la Fortuna parece un arcano extraño. Por primera vez no hay personajes humanos, tampoco animales que podamos identificar, como los caballos de El Carro o las águilas de La Emperatriz y El Emperador. En la imagen vemos una rueda con una manivela, sobre la que están tres seres con una rara mezcla de rasgos animales y humanos.

Según cuenta Sallie Nichols, "la criatura que asciende por nuestra derecha ha sido relacionada con Anubis, el dios con cara de perro de Egipto, encargado de pesar las almas de los que morían; se le tiene por un factor positivo e integrador. El animal de nuestra izquierda, parecido a un mono, se asocia con Tifón, el dios de la destrucción y de la desintegración"*. Arriba, en el centro de estos personajes, hay una esfinge. Alza una espada y tiene una corona de cinco puntas. La rueda está sobre una superficie azul en movimiento que podría remitirnos al agua, las emociones y el mundo del inconsciente.

Este arcano, también conocido como *la rueda del karma* o *la rueda de la vida y de la muerte*, pone en evidencia uno de los temas fundamentales de la existencia humana: los cambios. La Rueda de la Fortuna nos recuerda que todo se transforma, que hay procesos de integración y desintegración, que existe el yin (energía femenina) y el yang (energía masculina), que la vida son ciclos que se cierran y nuevos ciclos que comienzan. Si nos resistimos al cambio sufrimos, si nos entregamos fluimos. Podemos creer erróneamente que este arcano remite a la inestabilidad, pero es justamente lo contrario: encarna la estabilidad que reside en nuestra realidad interior.

Durante las épocas de grandes cambios se genera siempre un aparente caos interno y externo, pero la rueda nos asegura que todo está en orden, aunque no lo parezca. Un buen ejemplo de esto es lo que ha sucedido en el mundo con el covid-19. Además de las transformaciones personales que cada uno de nosotros ha experimentado, hay un ciclo que como humanidad estamos cerrando. El planeta entero se está moviendo hacia otra dirección y nos está pidiendo elevar nuestra conciencia, conectar con la energía femenina y vivir en coherencia con el corazón.

La rueda, que también puede verse como un gran mandala, nos presenta dos maneras de encarar el movimiento. Podemos hacerlo de adentro (centro de la rueda) hacia afuera o de afuera hacia adentro. La primera es un acercamiento más oriental, en el que, cultivando nuestro mundo interior, nos preparamos para asumir la vida del mundo exterior. La segunda, más occidental, es la manera en que, desde el

*Sallie Nichols, *Jung y el tarot: Un viaje arquetípico*, Barcelona, España: Editorial Kairós, 1988, p. 253.

agobio del mundo exterior, nos damos cuenta de que tenemos que ir hacia adentro, donde está el verdadero tesoro. Cada uno hallará la manera de hacerlo, honrando sus tiempos y caminos. Lo importante es fortalecer el centro para poder enfrentar las dinámicas del mundo desde la luz de la conciencia.

También nos propone observar cómo nos relacionamos con los cambios que se presentan en la vida y nos invita a asumirlos con aceptación y sabiduría. La Rueda de la Fortuna nos recuerda que todos somos iguales, pues todos estamos en el mismo viaje: en esta vida todo sube y todo baja. La primavera siempre regresa, pero el invierno también. Hay felicidad y tristeza, vida y muerte, abundancia y escasez, compañía y soledad, salud y enfermedad, generación y degeneración. Podemos permitírnoslo todo, pues todo hace parte de la experiencia humana.

Sin embargo, aferrarnos al devenir de la rueda puede dejarnos atrapados en su movimiento y llevarnos a crear, de manera inconsciente, lo que muchas filosofías de oriente han llamado karma. Pero ¿qué es el karma? ¿Acaso se refiere a algún tipo de culpa que traemos de otra vida o a un castigo divino? La definición más acertada y hermosa la escuché de Sadhguru, el místico y maestro de la India, quien aseguró que el karma significaba hacer de nuestro pasado nuestro futuro.

Por otra parte, el arcano diez nos habla de nuestras emociones. Nos asegura que es necesario sentirlas, escucharlas y perdonarlas, pero nos advierte que identificarnos con ellas puede distraernos y abrumarnos. En realidad, no somos nuestras emociones. No nos define la tristeza ni la alegría, tampoco nuestros triunfos y fracasos, porque en medio de los cambios nuestra verdad interior permanece intacta. Por eso, la única salida que nos ofrece este arcano está en el centro. Si observas detenidamente la imagen, verás que mientras los personajes de los lados se mueven, la esfinge está en el medio, inmóvil e imperturbable.

¿Cómo es posible? ¿Cómo logra estar así? Por un lado, tiene una espada, símbolo de la mente sólida y la conciencia plena. Por otro, las cinco puntas de la corona representan la quintaesencia, el tesoro inmutable del espíritu que se hizo presente en El Papa. En algunas versiones del tarot de Marsella, incluso, esta esfinge tiene un tercer ojo que le permite ampliar su percepción y saber que nada de lo que pasa en el mundo determina ni modifica su realidad divina. En el centro hay paz. Solo ahí encontramos el equilibrio.

Sin embargo, la esfinge (cuerpo de animal, cabeza humana) también tiene otra connotación interesante que está muy ligada a la historia de Edipo. Según la mitología, las esfinges son seres enigmáticos, les gusta hacer preguntas y plantear adivinanzas. A Edipo la esfinge le advirtió que si no adivinaba el acertijo encontraría su muerte. Así que le preguntó cuál es el animal que anda con cuatro pies por la mañana, dos al mediodía y tres por la noche. Edipo respondió que era el hombre. Aunque resolvió el acertijo, no logró escapar de su destino: mató a su padre, se casó con su madre y finalmente murió.

Entonces, ¿qué quiere de nosotros la esfinge del tarot? ¿Acaso pretende engañarnos? Yo creo que no, pero sí quiere que descifremos algo. De nuevo, la única manera de hacerlo es yendo hacía el centro. La esfinge también representa la pregunta del ser humano por el destino. ¿Podemos escapar de nuestro destino? ¿O tenemos libre albedrío? La respuesta es sí y no. Ambas están contenidas en este enigmático arcano.

Lo que nuestra alma eligió vivir en esta encarnación para evolucionar sucederá, querámoslo o no. El cuándo no lo sabemos, pero los sucesos clave del guion que cada uno de nosotros eligió antes de encarnar no van a cambiar. Gary Renard lo explica hermosamente en su libro *Tu realidad inmortal*: "Todas las cosas ocurren como han de ocurrir, en cualquier caso. Si algo no debe ocurrir, nunca podrás hacer que ocurra. Y si algo debe ocurrir, no hay nada en el mundo que puedas hacer para impedirlo"*.

Desde esta comprensión, La Rueda de la Fortuna nos invita a tomar nuestro destino como un regalo, no como una sentencia. La

*Gary Renard, *Tu realidad inmortal*, Barcelona, España: El grano de mostaza, 2010, p. 159.

vida no es un acertijo que tengamos que resolver, es un regalo con el que tenemos que aprender a movernos. Pero, por otro lado, la rueda también nos dice que somos cocreadores de nuestro destino y que nuestras decisiones y nuestra capacidad de ir al centro (lo esencial) podrán cortar patrones y hacer que nuestro futuro no sea nuestro pasado. Así que hay un destino que elegimos y que está marcado, y otro que creamos todos los días.

La Rueda de la Fortuna también hace referencia al cine (puede ser la rueda de la cinta de la película), y nos recuerda que todo lo que sucede en este mundo es una especie de video que estamos proyectando. Observando la película de nuestra vida podemos empezar a desidentificarnos de nuestra historia y escoger desde qué perspectiva queremos abordarla. Cuando puedes reconocer que tú no eres tu historia, estás dando un paso gigantesco hacia la conciencia de la esfinge.

Además, este arcano nos habla de los ciclos que se repiten encerrándonos en situaciones de las que parece casi imposible salir. Puede tratarse de historias personales o familiares que suceden una y otra vez. Por ejemplo, la mujer que constantemente atrae a hombres tacaños a su vida, el hombre al que sus novias siempre le son infieles o las personas que tienen el mismo tipo de jefe una y otra vez. A nivel familiar es incluso más complejo, ya que puede tratarse de esquemas repetitivos de los que pocas veces somos conscientes. Familias en las que, durante generaciones, todas las mujeres han tenido cáncer de mama o donde no han podido expresar sus opiniones y hacer lo que les gusta. Clanes en los que siempre ha habido escasez o en los que nadie ha logrado conquistar sus sueños.

Esos patrones repetitivos hay que observarlos desde la conciencia de la esfinge para poder cortarlos y crear nuevos circuitos en nuestra vida. Cuando no se liberan no se puede avanzar, quedamos atrapados en la rueda del destino, se nos olvida que también somos cocreadores de nuestra vida y que podemos hacerlo distinto. Tal vez por eso el suelo donde se posa la rueda se asemeja al agua, símbolo del inconsciente. El agua es un elemento femenino y receptivo que nos invita a entrar a lo más profundo de nuestra psique para llevar luz a lo que necesita ser reconocido, liberado y sanado.

Cuando se transforman las creencias es cuando realmente podemos ir de un plano a otro, cerrar un ciclo y abrir uno nuevo, con más conciencia y amor. La Rueda de la Fortuna también nos recuerda que hay ciclos que se cierran y que se acaban en la vida. Muchas veces nos sentimos a gusto en un trabajo o un proyecto y, sin embargo, se acaba, algo se cierra y todo sucede repentinamente. Aunque nuestro ego no lo entienda y batalle con eso, los ciclos se cierran cuando estamos listos para que algo nuevo llegue a nuestras vidas.

Como no conocemos el panorama completo, sufrimos cuando algo se acaba y nos llenamos de porqués que no conducen a nada. Pero con el paso del tiempo entendemos y agradecemos ese final, pues gracias a él abrimos una nueva puerta y aprendemos a confiar en la sabiduría divina que nos guía.

Este arcano me ha enseñado a diferenciar entre lo que yo (mi ego) quiero y lo que la vida quiere de mí. Realmente logré entenderlo hace año y medio, cuando me di cuenta de que mi destino ya no estaba en una sala de redacción. Cuando salí de mi último trabajo en periodismo, estuve mandando hojas de vida durante meses, pero nada sucedía. No entendía qué pasaba, las oportunidades laborales siempre se habían abierto para mí y yo seguía insistiendo en trabajar de tiempo completo en periodismo, en vivir de eso y dejar que el tarot se mantuviera como una afición, nada más.

Pero la vida tenía otros planes para mí y, cuando lo comprendí, después de pasar por un largo periodo de estrés, supe que me estaba conectando con el propósito que mi alma me pide cumplir durante este tiempo. Cuando pude tomarlo y honrarlo, todo fluyó. Ya no me correspondía ser una empleada, mi ética tampoco me permitía trabajar en medios de comunicación con los que ya no vibraba. Iba a ser una emprendedora y a crear mi propio negocio, el cual está totalmente alineado con mi alma. Me rendí y escuché el llamado.

Supe con certeza que mi fortuna estaba en seguir los pedidos de la vida y confiar. Mi fortuna está aquí y ahora, en este presente, en el amor que me rodea. Nuestra fortuna siempre está con nosotros.

Sin embargo, cuando vivimos este arcano en sombra nos cuesta mucho aceptar los cambios, nos aferramos a lo conocido y ni siquiera nos atrevemos a contemplar el hecho de que siempre hay otra manera de hacer las cosas. Repetir como locos el mismo patrón no nos ayuda a crecer psicológicamente, pues mantiene a nuestra mente presa. Hacemos lo mismo creyendo que algún día encontraremos resultados diferentes. Pero nunca sucede porque la vida siempre responde a nuestros patrones de pensamiento. Si sigues pensando y sintiendo como lo has hecho toda tu vida, seguirás dando vueltas. Podrá cambiar el escenario, pero el contenido será el mismo.

Numerológicamente el diez simboliza la realización, el círculo infinito y el principio creador. Anuncia un nuevo ciclo de integración y una revolución interior. No permitas que el movimiento de la rueda determine tu vida. Trasciende los opuestos y reconoce la unidad. Tu fortuna está aquí, dentro de ti, esperando que la tomes ahora.

Los caminos de LA RUEDA DE LA FORTUNA

El camino de los ciclos

La Rueda de la Fortuna te propone honrar tus propios ciclos. Si cuando pasaste por El Ermitaño aprendiste a escuchar tu voz y a dejar a un lado las opiniones de los demás, te va a quedar más fácil hacerlo. Honrar tus ciclos significa respetar tus tiempos. La sociedad parece tener unos tiempos muy establecidos que casi nunca se ajustan a los nuestros. ¿Quién puede decir cuánto tiempo dura el duelo por un ser querido? ¿Cuánto tiempo después de un divorcio podemos abrirnos a una nueva relación? ¿Cuánto tiempo se necesita para hacer un proceso de sanación real? No podemos juzgar, desde el tiempo lineal, el tiempo que una persona necesita para realizar un proceso. Por supuesto, hay que observar si a veces ese ciclo se quedó enganchado en el vaivén de la rueda y no va para ningún lado, pero si no es así, este camino nos invita a respetar nuestros ritmos. Honra tus tiempos y tente paciencia. Es amoroso hacerlo.

El camino de la esfinge

La esfinge, cuerpo de león y cabeza humana, nos invita a ser conscientes del mundo dual en el que vivimos para atravesar la ilusión y regresar a la unidad. No se trata de negar la experiencia humana, pero sí de ir más allá y poder ubicarse en el centro. Para los griegos, las esfinges eran bestias terribles (las representaban con alas), pero los egipcios las veían como protectores de los templos y los difuntos, y simbolizaban el poder. Para mí, son seres mitológicos que nos invitan a ir más allá de esta vida para recordar nuestro poder y conectar con nuestra esencia inmortal. Por eso es tan significativo que la esfinge aparezca en este arcano, justo en el punto de equilibrio. Ella nos da la señal, nos indica el camino y nos ayuda a entender que un mundo dual no es ni será jamás todo lo que existe. Mucho menos podrá determinar quiénes somos.

El camino del movimiento circular

Este arcano nos recuerda que el tiempo no es lineal. El pasado, el presente y el futuro son una ilusión, una medida de tiempo para poder habitar este mundo. La Rueda de la Fortuna nos enseña que, en realidad, el tiempo es circular, como lo han asegurado varios científicos y físicos cuánticos. Todo está sucediendo en este momento. Todo ya sucedió. Todo está conectado. Si crees en los universos paralelos, estamos naciendo y muriendo al mismo tiempo. Entender el movimiento circular dentro de un no tiempo y espacio ayuda a desestructurar la mente para abrirnos a una comprensión mayor. También amplía la conciencia para dejar de vernos como seres fragmentados y empezar a reconocernos como seres completos. Dos películas que hablan del tiempo circular de una manera muy acertada y que pueden ayudarte a comprender mejor este concepto son: *Interestelar*, de Christopher Nolan, y *La llegada*, de Denis Villeneuve.

Las preguntas de LA RUEDA DE LA FORTUNA

¿Qué situaciones se repiten en mi vida?
¿Qué ciclo necesito cerrar?
¿Qué ciclo nuevo deseo comenzar?
¿Cómo me relaciono con mis emociones?
¿Qué es para mí la fortuna? ¿Dónde creo que está mi fortuna?

El cristal de LA RUEDA DE LA FORTUNA

La rodocrosita, porque es necesario sanar y liberar las viejas memorias. Facilita de una manera muy amorosa la apertura de la conciencia. Además, nos ayuda a observar las emociones con calma.

De la mano de LA RUEDA DE LA FORTUNA

Calca y colorea

Con papel mantequilla calca este arcano y luego coloréalo. Pon atención a los detalles de los personajes, de la rueda y del suelo azul que los sostiene. Luego permite que esa imagen te acompañe durante un ciclo lunar. Puedes tomarle una foto y dejarla como pantalla de tu celular, ponerla en tu escritorio y observarla durante el día o dormir con ella, poniéndola debajo de tu almohada en las noches. Observa qué sucede, qué se mueve dentro de ti y qué información recibes en tu vida cotidiana y en tus sueños.

Meditación al ritmo de la rueda

Vamos a meditar con este arcano. Siéntate con la espalda recta y pon las manos sobre las piernas con las palmas hacia arriba. Puedes prender una vela o incienso si así lo deseas. Cierra los ojos, inclina levemente tu cabeza hacia arriba y lleva tu atención al entrecejo. Visualiza cómo aparece La Rueda de la Fortuna en ese lugar del cuerpo. Una vez tengas esa imagen fija, vas a empezar a inhalar y exhalar, como si lo hicieras al ritmo de la rueda. Inhalas diez segundos, retienes el aire cinco y exhalas en diez. Hazlo durante diez minutos, manteniendo la imagen del arcano durante todo el tiempo. Cada vez que retienes el aire, imagina que estás en el lugar de la esfinge, que regresas a tu centro y expandes tu conciencia.

Colorea un mandala

Esta es una antigua practica meditativa. Elige un lindo mandala y decide cómo quieres empezar a colorearlo. ¿Vas a hacerlo de adentro hacia afuera o de afuera hacia adentro? Lo que decidas está perfecto. Luego colorea durante 20 minutos, no más. Si pones un cronómetro será mucho mejor. La idea es que solo colorees durante ese tiempo. No te apresures, hazlo con conciencia y paciencia. Así es la vida, se acaba un ciclo cuando menos lo piensas. La idea del ejercicio es que no termines todo el mandala, esto seguramente va a alborotar a tu ego, pero no importa. Respira y observa sin juicios qué lograste hacer, encuentra la armonía y el orden que hay en tu mandala, así no esté completo, y déjalo así. Los tiempos de Dios casi nunca son tus tiempos. Aprende a valorar lo logrado, a ver la belleza y a comprender que todo es perfecto.

XI
LA FORCE

LA FUERZA

El amor es mi poder

> ***Palabras clave:*** nuevo comienzo, creatividad, poder personal, instinto, valentía, belleza, animalidad, fuerza, ira, coraje, sexualidad, apertura, represión, lucha, firmeza, autocontrol, independencia, amistad, amor.

La Fuerza es la primera carta de esta serie decimal. Con ella llegamos a la altísima vibración del once, cifra sagrada, un número maestro que conecta con la energía del liderazgo y la intuición. Aquí comienza un nuevo ciclo, pero a diferencia de El Mago, que era un aprendiz sin experiencia, La Fuerza tiene un camino recorrido, ha trabajado sobre sí misma. Supo reconocerse cuando se enfrentó con La Justicia, honrar los pedidos de su alma cuando pasó por El Ermitaño y sanar patrones repetitivos durante su estadía en La Rueda de la Fortuna.

En la imagen vemos a una mujer con un sombrero con forma de ocho infinito, muy parecido al de El Mago (solo que este tiene un ala más abierta, símbolo de su inteligencia cósmica), y un pie desnudo con seis dedos y las uñas rojas. Su acción es muy clara: con sus manos le abre la boca a un león, cuya cabeza se posa sobre sus dos primeros chakras (raíz y pélvico) y parte del tercero (plexo solar).

Al hacerlo se hace uno con el animal, reconoce sus instintos e integra su naturaleza primitiva. Si El Mago concentraba su energía de la cintura para arriba, la Fuerza lo hará de la cintura para abajo, conectándose con la vibración de la tierra, en la cual se enraíza con firmeza. No tiene una varita mágica, pues su poder se manifiesta directamente desde sus manos y surge del profundo trabajo interior que ha realizado.

El león*, que está domesticado y no vencido, enseña con orgullo su esencia animal. Él y la mujer dialogan en armonía. Se han reconocido y, al hacerlo, se han hecho libres. La mujer le entrega su energía a través de sus manos, mientras él le da la suya desde sus fauces. Ambos se ven a los ojos, no hay lucha ni represión. El león se convierte en parte de ella. No es necesario eliminar los instintos, hay que domarlos haciéndolos parte de nosotros mismos.

La Fuerza es consciente de que su bienestar procede únicamente de su ser, no lo busca en otros ni en los placeres del mundo exterior. Su fuerza radica en la capacidad que tiene para ser responsable de sus emociones y pensamientos. Este arcano nos recuerda que cuando somos capaces de darnos todo lo que necesitamos, vivimos plenamente nuestro poder.

Sin embargo, a muchas personas esto las asusta. Hemos crecido en sociedades que nos han hecho creer que hay algo malo y peligroso en el hecho de ser poderosos. Nos convencemos de que asumir nuestro poder puede desviarnos del camino o convertirnos en personas

---

*El león es símbolo de soberanía, sol, oro, brillo y fuerza. Según la Biblia, el trono del rey Salomón tenía un león a cada lado como representación de la fuerza, la justicia y el valor. Para la tradición cristiana, Cristo es el león de Judá (una de las doce tribus de Israel de donde surge la descendencia del rey David, a cuyo linaje pertenecía Jesús). En Egipto lo relacionaban con el sol (dios Ra) y simbolizaba el rejuvenecimiento. Los hindúes lo vinculan con Visnú (dios de la preservación), mientras los budistas aseguran que la voz de Buda es el rugido del león.

no gratas, pero es todo lo contrario: una persona que vibra desde su poder personal es inevitablemente magnética.

Cuando reconocemos nuestro poder, el cuerpo adquiere una enorme energía vital, que abre la puerta del placer y la sexualidad. Por eso mismo, uno de los trabajos que nos propone La Fuerza consiste en revisar qué creencias impiden la libre expresión de nuestra energía sexual, qué bloqueos tenemos en el cuerpo y cómo es nuestra relación con el placer. Desde su sombra, este arcano puede referirse a luchas de poder, a rabias contenidas, a una represión de la energía sexual o a la dificultad para tener o permitirse un orgasmo.

Pero desde su luz La Fuerza siempre se apoya sobre su autonomía. Sus uñas rojas simbolizan la eternidad que la habita (cuando morimos lo único que sigue creciendo son las uñas y el pelo). Para algunas mujeres, incluso, integrar este arcano representa una iniciación femenina o el encuentro con el arquetipo de la mujer salvaje, capaz de honrar su cuerpo tal como es y de activar sus instintos para comunicarse con sus aspectos más inconscientes.

Por otra parte, La Fuerza nos invita a ser valientes y abrirle la boca al león, un acto que simboliza la importancia de darle un lugar a nuestra voz y valorar el poder que tiene nuestro mensaje. Desde la sombra posiblemente será una voz que necesite expresarse violentamente, hiriendo en ocasiones a los demás. Una fuerza mal entendida lleva al ataque y a la violencia porque todo lo pone afuera, culpando a los otros y olvidando su responsabilidad. Pero desde la luz representa la capacidad de expresarnos con confianza. La voz de cada ser humano sobre la tierra es sagrada y tiene un sonido único. Nuestra voz es nuestro gran instrumento.

Por último, quiero hablarte de la enseñanza que yo más adoro de este arcano y tiene que ver con el amor y la dulzura. Es más, siempre he creído que si La Fuerza pudiera tener otro nombre se llamaría Amor. Aunque parece un cliché, en realidad la fuerza más grande que existe es la del amor. Paula Iregui, quien ha sido mi terapeuta y mi amiga, siempre me ha dicho que la vibración del amor es la que nos sostiene durante nuestro paso por este mundo.

Por eso la mujer le abre las fauces al animal con dulzura. Aunque muchos creen que lo hace con fuerza; yo siempre he visto que lo hace con una profunda ternura y delicadeza. Nos está enseñando a reconocer que hemos distorsionado la energía de la fuerza, la hemos ligado únicamente con lo masculino y lo racional. Por el contrario, este arcano nos recuerda que en la ternura hay mucha fuerza. No la veas como debilidad. Lo femenino, dulce y amoroso es poderoso por naturaleza.

Los caminos de LA FUERZA

El camino del amor

La Fuerza vuelve a recordarnos, como lo hizo El Enamorado, la importancia de seguir el camino del amor. Tal vez por eso tiene seis dedos en el pie, su sombrero tiene seis puntas y los dientes del león son seis. Hay una fuerte referencia a El Enamorado. Sin embargo, el amor de La Fuerza nos recuerda el amor hacia nosotros mismos. Cuando nos amamos podemos aceptarnos y honrarnos. Desde este camino, amarnos es tomar nuestra luz y nuestra sombra, renunciar a nuestros juicios y autosabotajes, atrevernos a ser valientes y darle valor a nuestra voz.

El camino del león

Tomar tu poder no es peligroso. No hacerlo, por el contrario, te mantiene en un concepto limitado de ti mismo(a). Asumir el poder es reconocer tu grandeza como ser divino y abrirte a transitar por esta vida con certeza y libertad. Aunque el león se cubra con la piel de una oveja, sigue siendo un león; es imposible perder su verdadera naturaleza. No te veas como una oveja en medio de un obediente rebaño. Toma tu fuerza y date cuenta de tu magnificencia.

El camino del gozo creativo

La Fuerza es consciente de que su potencial creativo puede despertarse a través del gozo que encuentra en su sexualidad, en expresiones artísticas o incluso con el ejercicio. Todo lo que genere movimiento en el cuerpo abre la vía de la creación y baja el ritmo de la mente racional. Es a través del contacto con el placer que se aclaran las ideas y se despeja el camino. La Fuerza entiende que necesita abrir espacios en su cotidianidad para el gozo; es desde ahí que se conecta con su instinto y su capacidad de crear una vida plena y dichosa.

Las preguntas de LA FUERZA

¿Qué significa para mí el poder?
¿A qué o a quiénes les he entregado mi poder?
¿Cómo me relaciono con mi energía sexual?
¿Qué creencias tengo sobre mi voz?
¿Cuál es mi mensaje?
¿Hay algo que me impida compartirlo o expresarlo?

El cristal de LA FUERZA

La cornalina, porque al confiar en nuestra expresión se expande el amor. Nos ayuda a que circule la energía vital en los primeros chakras y a conectar con la creatividad.

De la mano de LA FUERZA

El poder de tu voz

Es importante empezar a conectarte con tu voz para que comiences a comprender la fuente de poder que emana de tu propio sonido. Te propongo un ejercicio muy sencillo. Se trata de entonar el sonido de los chakras del plexo solar y de la garganta. Siéntate en un lugar donde estés cómodo(a) y tranquilo(a). Pon ambas manos en el plexo y emite el sonido OH; hazlo varias veces y siente qué vibración genera en el cuerpo. Luego lleva las manos a la garganta y pronuncia el sonido EH y descubre su vibración. También puedes pronunciar tu nombre en voz alta, entonando cada letra muy lentamente o grabar tu voz mientras dices eso que siempre has querido decir. No juzgues tu sonido y anímate a abrirle la boca al león.

Mueve el cuerpo

La Fuerza nos pide abrirnos al placer a través de alguna acción creativa. Yo siempre lo he relacionado con el baile, algo que te permite mover tus caderas y llevar la energía hacia el centro de la tierra. El flamenco, la danza árabe, la salsa y la danza africana son ideales con este propósito. Puedes inscribirte a alguna clase profesional o, si lo prefieres, poner música de tambores en tu casa y moverte como quieras. Aunque te cueste un poco, inténtalo: déjate llevar por el ritmo de la música y luego descubre qué sensaciones se apoderan de tu cuerpo. ¿Te sientes con más energía vital? ¿Con más poder? ¿Sientes placer?

Conecta con la tierra

Es clave que aprendas a estar conectado(a) con la tierra. Hay una visualización que aprendí hace varios años y que siempre realizo con mis consultantes antes de arrancar una consulta. Para este ejercicio es muy útil poner sonidos binaurales (frecuencias de ondas cerebrales combinadas con música que te llevan a un estado profundo de relajación). En YouTube encuentras muchos, son maravillosos. Cierra los ojos e imagina que de tus pies salen raíces de luz que bajan por las diferentes capas de la tierra hasta llegar al corazón de la madre tierra. Deja que esas raíces se establezcan en ese lugar. A través de esas raíces vas a soltar cualquier incomodidad, angustia, malestar, toxina o estrés que tengas. Drena lo que sea necesario y entrégaselo a la madre tierra. Confía en que se encargará de transmutarlo. Luego permítete recibir la vitalidad, la protección, la abundancia y el amor que la madre tierra tiene para ti. Imagina que te entrega, a través de esas raíces, todo el bienestar que necesitas en este momento. Siente cómo una energía de color dorado va subiendo por las diferentes capas de la tierra, llega a tus pies, continúa subiendo por tus piernas, llena tu primer chakra, luego el segundo, pasa por tu plexo solar, tu pecho, tu garganta, tu entrecejo y tu coronilla. Al llegar allí la luz es tan intensa que sube diez centímetros arriba de tu cabeza, donde está tu octavo chakra, y te conecta con tu ser superior y tus guías divinos.

XII
LE • PENDU

EL COLGADO

Soy rebelde, veo el mundo tal como es

> ***Palabras clave:*** abandono, espera, parálisis, desapego, entrega, aceptación, confianza, reposo, meditación, reclusión, secreto, sacrificio, cambiar la mirada, gestación, nacimiento, árbol genealógico, plegaria, resistencia, posturas invertidas, rebeldía.

El Colgado es otro arcano misterioso. Su singular postura genera en muchas personas el impulso inmediato de voltear la carta, pues consideran que hay algo extraño en ella. Otros se asustan porque creen que puede augurar algún problema o conflicto. Sin embargo, nada de esto es cierto. Tener la cabeza hacia abajo energéticamente simboliza la entrega de los pensamientos a la tierra y la expansión de la conciencia. Al invertir su posición (pies hacia arriba y cabeza hacia abajo), El Colgado comprende que el mundo es una ilusión y que Dios no tiene nada que ver con este mundo.

Para muchos, esto puede sonar aterrador, pero este arcano nos recuerda lo que muchas tradiciones espirituales han sostenido a lo largo de los siglos: la importancia de salir de la ilusión. La Papisa ya nos anunciaba la necesidad de ver más allá del velo y El Colgado, pareja numerológica del arcano dos, se anima a hacerlo. De esa manera se aparta del yugo del inconsciente colectivo y se descubre a sí mismo como un ser libre, capaz de elegir su propia manera de estar en el mundo.

Gracias a su postura puede rendirse a la experiencia humana con desapego. La carta nos muestra a un hombre colgado boca abajo atado del tobillo izquierdo. Está siendo sostenido por las ramas de dos árboles y tiene ambas manos atrás. Sin embargo, no podemos asegurar que estén atadas. ¿Quién lo puso en esa posición? ¿Cuánto tiempo lleva así? ¿Qué es lo que lo sostiene? ¿O acaso fue él mismo quien decidió colgarse para cambiar su perspectiva?

La postura de este arcano no es accidental; por el contrario, hace parte de diversas culturas y tradiciones. Según la mitología egipcia, a Osiris, dios del inframundo y la resurrección, lo colgaron tres días de un árbol antes de despedazarlo. Odín, el dios vikingo de la guerra y la sabiduría, estuvo colgado durante nueve días y nueve noches hasta que, el último día, cuando estaba al borde de la muerte, aparecieron las runas para entregarle su sabiduría. El apóstol Pedro pidió ser crucificado boca abajo como símbolo de humildad, y Jesús, aunque no estuvo colgado, fue crucificado para vencer la muerte y resucitar.

Históricamente se colgaba boca abajo a los traidores (a Benito Mussolini, por ejemplo, lo colgaron de los pies en una plaza pública de Milán después de su muerte en 1945). Incluso en algunas barajas italianas antiguas a este arcano se le llama *Il Traditore* (el traidor). Pero yo no creo que haya ninguna señal de traición en El Colgado. Por el contrario, es tan fiel a sí mismo que quienes luchan por propagar las costumbres de este mundo pueden considerarlo un traidor. En realidad, él tiene una comprensión más amplia de las dinámicas de la existencia y con valentía se aleja de las tradiciones impuestas por la sociedad para ser fiel a sí mismo. Para los que siguen los mandatos del mundo, sin duda resulta un ser extraño y peligroso.

Pero su posición también es la de los niños que están a punto de nacer. A un recién nacido se le toma de los tobillos y se le pone boca abajo. En esa posición respira por primera vez y toma la vida. El Colgado se prepara para el nacimiento de su nuevo ser. Yo siempre he sentido que él mismo buscó esa posición y que, al hacerlo, nos invita a voltear la mirada, a soltar estructuras mentales que ya caducaron para poder abrirnos a una nueva información. Cambiar la manera de ver las cosas nos ayuda a ser más flexibles, a tomar distancia de lo que consideramos un problema y a permitirnos fluir con otra conciencia.

Además, sus manos hacia atrás (que bien podrían estar sueltas) lo ponen en una posición de vulnerabilidad, de no resistencia. De alguna manera se aleja del mundo para entrar dentro de sí y echar sus raíces donde deben estar: en su realidad luminosa y eterna. Su posición nos recuerda las posturas invertidas del yoga, nos invita a meditar y a danzar con las energías que se mueven dentro de nosotros. Para mí, también es el rebelde del tarot. Hay que ser muy valiente para atreverse a cambiar la mirada y hacerlo diferente.

Algo maravilloso que nos propone este arcano es entregarnos a los vaivenes de la vida. El Colgado permite que la vida lo atraviese. Por eso una de sus propuestas interiores tiene que ver con la capacidad que tenemos para tomar la vida tal como es ahora. No como era antes o como pensamos que puede ser en el futuro, sino como es ahora, con lo que tenemos o no tenemos, con la alegría y el dolor, con la abundancia y el miedo que pueda haber en este momento. Tomar la vida nos recuerda que siempre podemos elegir. Siempre podemos cambiar la mirada.

El Colgado también es el arcano del desapego y la aceptación absoluta. Y aceptación no es resignación. Cuando nos resignamos, algo dentro de nosotros sigue peleando con las circunstancias externas y no hay comprensión. La aceptación, por el contrario, trae fluidez y paz. Es desde ahí que nace una nueva conciencia.

Sin embargo, para lograr que esa conciencia florezca, necesita aquietarse, se hace urgente parar y encontrar el silencio. Lo racional deja de dominar. Entiende que no es momento para actuar en el mundo y que, por el contrario, es el tiempo ideal para desprenderse de una visión heredada y entrar en profundo contacto consigo mismo. Desde su interior reconoce su divinidad y su propósito en el mundo. Está quieto, pero por dentro baila y recibe la gracia.

Por otra parte, El Colgado se da cuenta de que los mandatos de su árbol genealógico, representado por las dos ramas que están a los lados (linaje paterno y materno), tienen un peso sobre su propia historia. Él se encuentra en la mitad de ambos y, desde su postura, comienza a observar todo lo que no es suyo: patrones de comportamiento y creencias heredadas que se han transmitido de generación en generación.

Al hacerlo lleva luz donde antes había oscuridad y comienza a prepararse para la revolución que tendrá lugar en El Arcano Sin Nombre. Además, con sus piernas forma un cuatro, un número que remite a El Emperador. El orden conocido se cuestiona y es puesto patas arriba, pero no se destruye. Se abre la posibilidad, que se manifestará en el arcano trece, de crear nuevas estructuras.

Pero desde la sombra, El Colgado es un arcano que tiende a la parálisis, la cual puede conducir a depresiones profundas, a mutismos o a una desconexión total con el entorno. El Colgado se convierte en el silencio que hace ruido, en el miedo a actuar basado en el temor a equivocarse y en una desconfianza absoluta de uno mismo y de la vida. Puede referirse a personas que quieren cambiar, que están agotadas por dentro y que se quejan constantemente, pero que no actúan. A pesar del deseo de cambio, se paralizan y se frustran. Una y otra vez se dicen lo mismo: "No se puede hacer nada". Pero son excusas. Siempre podemos hacer algo. Siempre podemos elegir.

Desde su sombra es un arcano que nos habla de los secretos de nuestro árbol genealógico, de historias ocultas que, aunque no se cuentan, están ahí, latiendo muy fuerte en el inconsciente familiar. Los secretos siempre conllevan al dolor, solo expresándolos se liberan y se inicia un proceso real de perdón y sanación. Los secretos pesan, por eso al expresarlos el alma descansa, les quitamos su poder y recordamos el nuestro.

El Colgado también hace referencia al nudo del abandono. Al sentimiento de no haber sido reconocidos por nuestros padres o no haber recibido el afecto que necesitábamos de niños, creando una huella de soledad y una falsa idea de sacrificio. Pero el sacrificio es un invento del ser humano y una manera de alejarnos del amor. La divinidad solo quiere nuestra dicha, Dios jamás nos pediría sacrificio alguno. Si te cuelgas para cambiar tu mirada, no lo hagas desde el sacrificio, hazlo con conciencia y como un acto de amor y rendición.

Por último, veamos la numerología. El doce es un número maravilloso, pues puede dividirse por seis cifras y está presente continuamente en nuestra historia. Hay doce signos zodiacales y doce meses en el año, fueron doce las tribus de Israel y doce los discípulos de Jesús. Doce son las horas del día y doce las de la noche. Es un número poderoso: conecta el mundo material con la realidad intangible del espíritu.

Los caminos de EL COLGADO

El camino de la genealogía

El Colgado es el primero de los arcanos mayores que es consciente de su genealogía. En él sucede la acción del darse cuenta. Gracias a que puede voltear su mirada, comienza a comprender que muchas de sus ideas, creencias y actitudes son producto de la herencia inconsciente de su linaje paterno y materno. Comienza a ver que también atrae a su vida historias similares a las que vivieron sus bisabuelos, abuelos o padres. De repente es consciente de que su linaje siempre ha vivido en la escasez, de que las mujeres no han expresado su poder o de que los hombres del clan padecen una misma enfermedad. Al darse cuenta, lleva luz a lo que permanecía oculto para decidir de nuevo. ¿Repetirá la historia o la cambiará? Todo dependerá de su elección.

El camino de la aceptación

El Colgado acepta la vida tal como es ahora. No pelea con el pasado ni tampoco invoca un futuro imaginado. Sabe que su manera de percibir el mundo afecta la realidad, y por eso enfoca su energía en el trabajo interior. Gracias a su entrenamiento mental, se da cuenta de que es capaz de construir un nuevo sistema de creencias diferente al que heredó de su familia y de la sociedad, y de que, al unir el poder de la mente con la vibración del corazón (emoción), puede manifestar su propia realidad. Pero todo comienza con la aceptación del presente, el cual se convierte en un campo infinito de posibilidades.

El camino de la quietud

Este camino nos invita a aquietarnos y a tener momentos para desconectarnos de la rutina. El mundo le da mucho valor a la acción y nos empuja a hacer cosas todo el tiempo, lo que nos mantiene con la atención hacia afuera. Esa acción imparable va comiéndose la rutina, abarcándolo todo y dejando cada vez menos tiempo y espacio para el mundo interior. Este camino nos propone darnos el permiso de parar. Al hacerlo, podemos darnos cuenta de que las creencias del colectivo no tienen que ser las nuestras.

Las preguntas de EL COLGADO

¿Qué necesito ver de otra manera?
¿Qué me cuesta soltar?
¿Qué creencias he heredado de mi linaje materno y paterno?
¿Qué está listo para nacer en mí?
¿En qué momentos me paralizo y por qué?

El cristal de EL COLGADO

El ámbar, porque nos ayuda a vivir con optimismo y ligereza. A diferencia de otros cristales, nace de la resina de los árboles y tal vez por eso ofrece tanta estabilidad, equilibrio y paciencia.

De la mano de EL COLGADO

Haz tu árbol genealógico

Habla con tus padres, tus tíos o abuelos, atrévete a descubrir la historia de tu familia paterna y materna, compara puntos de vista (te darás cuenta de que muchas veces se recuerda un mismo suceso de maneras diferentes). Sobre todo, indaga por cuatro temas que en el mundo del tarot son fundamentales: cómo fueron las relaciones de pareja y los vínculos familiares (copas), cómo se relacionaron con su sexualidad, trabajaron en lo que realmente les apasionaba (bastos), qué creencias tenían sobre el mundo y la espiritualidad (espadas), cómo fue su vida material y qué enfermedades se han repetido (oros). Pero también descubre cuáles son los dones de tu árbol. Yo estoy convencida de la importancia de cortar con lo que no se necesita, pero también de tomar e integrar la herencia de luz que nos entregan nuestros antepasados. Así que asume el papel de detective de tu genealogía. Luego, pon en duda toda la información que recojas y observa de qué manera tú has repetido o tiendes a repetir la misma historia de tu familia. Date cuenta de que tú no eres esa historia, de que esa historia no te define y de que puedes construir tu propio camino si te animas a cambiar la mirada. Para esto también te recomiendo, si así lo sientes en tu corazón, hacer una constelación familiar o una lectura de tarot genealógico en la que llevamos conciencia a tu historia familiar y cortamos con nudos, mandatos y creencias para poder reconocer y tomar los tesoros de tu árbol.

Practica las posturas invertidas

Las posturas invertidas del yoga son excelentes aliadas para integrar a este arcano. Puedes asistir a una clase que se enfoque en este tipo de posturas y observar qué sucede cuando las realizas, qué pasa en tu cuerpo, en tu mente y en tus emociones. Son posturas que nos sacan de nuestra zona de confort, nos retan a superar nuestros miedos y a lanzarnos a lo desconocido. Si no tienes práctica, ve haciéndolas poco a poco. Nadie te pide que te pares de cabeza en una sola clase;

las posturas son paulatinas, pero verás cómo, a medida que tu cuerpo se voltea y empiezas a poner más tiempo la cabeza en el piso y los pies en el aire, la sangre circula de otra manera, tu cerebro se oxigena y algo dentro de ti empieza a cambiar. Inténtalo y reconoce cómo tu fuerza y tu confianza se hacen más presentes.

Cambia la mirada

Haz una lista de por lo menos cinco situaciones que hayas vivido o estés viviendo en este momento. Escribe cómo las has enfrentado, qué has sentido y qué pensamientos han surgido en cada situación. Luego, escribe cómo podrías cambiar la mirada en esas situaciones. ¿Qué sentirías si lo hicieras?, ¿cómo se sentiría tu cuerpo?, ¿cómo te verías a ti mismo(a)? y ¿cómo percibirías la vida? Date cuenta de que siempre hay una manera distinta de ver las cosas.

XIII

EL ARCANO SIN NOMBRE

Muero para ser yo

> ***Palabras clave:*** yo soy, transformación, renacer, destruir, eliminar, muerte, renacimiento, identidad, autosabotaje, limpieza, estructura, huesos, revolución, corte, cosecha, ira, odio, violencia, terapia, cambio, ruptura.

Seguramente en muchas versiones del tarot encontrarás la palabra muerte debajo de esta imagen. Pero este no es su nombre. Llamarla así ha tergiversado su verdadera esencia. En el tarot de Marsella este arcano no tiene nombre. Se conoce como El Arcano Sin Nombre o el Arcano XIII. Sin embargo, el hecho de que durante tantas décadas se haya asociado esta carta con la muerte, ha generado que como humanidad proyectemos infinidad de miedos sobre este arcano tan maravilloso.

Además, la cultura popular ha puesto sobre el trece una gran cantidad de suposiciones al considerarlo un número de mala suerte. Sallie Nichols lo explica de manera acertada: "No es accidental que el número de esta carta sea el trece, número que en nuestra cultura se considera desafortunado. El trece se entromete en las doce horas de nuestro día y en los doce meses de nuestro año, rompiendo el ritmo aburrido de nuestro diario girar. No existe espacio en nuestro calendario ni lugar en nuestra esfera para el número trece. Tampoco hay lugar en la mesa para este desagradable invitado"*.

Matemáticamente es un número primo que únicamente se divide por sí mismo y que tiene una connotación de desaparición. Está, pero no está. Es ambiguo y misterioso. El inconsciente colectivo nos ha enseñado a temerle y más cuando está acompañado de la imagen de un esqueleto, lo que evidencia nuestro profundo miedo a la muerte. Pero si hemos hecho a conciencia el camino del tarot, sabemos que la única manera de comprender su enigma es viéndolo a los ojos y cambiando nuestra mirada, como nos enseñó El Colgado.

En realidad, El Arcano Sin Nombre es el arcano de la transformación profunda que realiza el ser humano para ir al encuentro con su esencia. Es una gran revolución interior, un movimiento energético fuertísimo que nos suplica darle muerte a todo lo que no nos representa. Nos pide quitarnos las máscaras y tomar la vida. Cambiar significa entrar en crisis y darle muerte a lo que no somos. El Arcano sin Nombre simboliza la muerte de tu ego, de todo lo que no eres, y el regreso a la vida, a lo que siempre has sido.

Pero observemos la imagen. La columna del esqueleto es una columna vertebral en forma de espiga de trigo, que recuerda el collar de El Emperador. Si el arcano cuatro nos hablaba de las estructuras construidas en el mundo material, el arcano trece hará referencia a las estructuras internas de nuestro ser. Son los huesos los que componen la estructura principal de nuestro cuerpo. No los vemos,

*Sallie Nichols, *íbíd.*, p. 322.

pero podemos tocarlos y son lo único que queda cuando morimos. Este arcano nos invita a vivir desde la estructura de nuestra esencia, que es lo que permanece, lo que realmente somos. El esqueleto representa nuestra verdad más íntima y profunda.

Por supuesto, hacer el trabajo que El Arcano Sin Nombre nos propone no es poca cosa. Ir a nuestros huesos es reconocer nuestra identidad divina. Significa darle muerte a nuestra personalidad para experimentar una revolución profunda que nos conduzca a comprender quiénes somos realmente. Cuando no hacemos este trabajo interior y nos relacionamos con la sombra de este arcano, lo que manifestamos es muy doloroso. Podemos afianzar la estructura de nuestro ego, conectar con la ira y la violencia, o tener un impulso de destrucción hacia otras personas o hacia nosotros mismos. También podemos presentar molestias en los huesos y en las articulaciones, las cuales terminan somatizando las cargas que llevamos dentro.

Pero sigamos observando la imagen. Un elemento clave es la guadaña del esqueleto, la cual, si nos damos cuenta, no tiene la forma tradicional de esas herramientas. La hoz va para otro lado, por lo que no es una guadaña que da muerte. Por el contrario, simboliza la naturaleza viva del arcano. Además, alista el terreno y lo limpia para sembrar nuevas semillas de vida. La forma de la guadaña también puede verse como una luna creciente. El terreno interno se prepara para que, después de la renovación, lo nuevo comience a crecer.

Esta es una de las razones por las que este arcano nos invita a limpiarnos profundamente. Para que lo nuevo nazca tenemos que estar limpios de viejas estructuras que no nos honran y libres de un pasado dominado por una personalidad ficticia. Esto, por supuesto, supone un luto tremendo para nuestro ego, quien hará hasta lo imposible para convencernos de que la transformación no es importante, de que semejante movimiento energético es innecesario y de que, como estamos, estamos bien. Pero como hemos visto, resistirse al cambio es resistirse a la vida.

Otro aspecto clave de esta carta es el terreno negro (es la primera vez que este color aparece en los arcanos mayores), color de la alquimia y del inconsciente. A mí siempre me recuerda el mantra budista *Om Mani Padme Hum —sé cómo el loto que crece en el lodo—*. Pero estar en el lodo del mundo puede ser muy doloroso. Se necesita una inmensa confianza interior, como la de este arcano, para mantener viva la belleza del loto en medio del caos y la dualidad.

En el terreno vemos los restos de dos seres humanos: unos pies, unas manos y dos cabezas: una femenina y otra masculina. Ambas tienen una pequeña corona, la cual hace referencia a la corona que tenía el príncipe de El Carro. Nuestro vehículo ha cambiado, también nuestras ideas y acciones. Una fuerza más poderosa que nosotros es la que nos mueve.

Para mí, estas cabezas también están relacionadas con nuestro linaje materno y paterno. Si hicimos el trabajo genealógico que nos propuso El Colgado, cuando conectamos con la energía de El Arcano Sin Nombre podemos cortar radicalmente con los lastres de nuestro linaje para sembrar algo nuevo. Se abre también la posibilidad de trascender los arquetipos de mamá y papá, y de sanar el niño interior que aun reclama algo de sus padres para ser libre y crecer.

Este arcano, además, nos ofrece una hermosa enseñanza: mirar la relación con la muerte de frente. Darnos cuenta de por qué le tememos tanto. Generalmente, detrás de esos miedos siempre se hacen evidentes nuestros apegos y resistencias. Debido a nuestra cultura e ideas religiosas, hemos crecido temiéndole a la muerte, creyendo que es la peor de las enemigas y que su aparición es sinónimo de pérdida. La muerte nos quita a un ser querido, nos roba la felicidad y abre la puerta de la desdicha. Para la mayoría de los países occidentales la muerte es puro sufrimiento.

Nos da tanto temor que preferimos darle la espalda, no hablar de ella y mucho menos pensar en nuestra propia muerte. Pero la muerte hace parte de la vida y nuestro acercamiento a ella es una experiencia totalmente personal. Por eso los rituales para enfrentarla son tan importantes, pues nos ayudan a relacionarnos con ella de otra manera. En México, por ejemplo, celebran el Día de los Muertos desde la era prehispánica (era una festividad que hacía parte de todas las culturas mesoamericanas antes de la llegada de los españoles). Es una hermosa manera de honrar y recordar a los seres que han partido, y de ver a la muerte a los ojos, sin miedo.

Desde la sabiduría del tarot la muerte no es el fin (eso nos lo va a dejar clarísimo Templanza). Una vez escuché esta frase que me encantó: "Lo que algunos llaman muerte, la oruga lo llama mariposa". Me parece una imagen muy poderosa. Pero la mayoría de los seres humanos aún no cree que esto sea posible. Durante el 2020 hemos tenido que lidiar de frente con la muerte. Debido al covid-19 hemos recordado que somos seres mortales, que no tenemos la vida garantizada y que en cualquier momento este ciclo puede cerrarse. Aunque miles de personas mueren diariamente, gracias a esta pandemia hemos observado nuestra relación con la muerte y el miedo a perder a nuestros seres queridos.

Sin embargo, en medio de la muerte siempre está la vida. Además, quiero que tengas presente que nadie se va antes de tiempo. Muchos seres se han ido debido al virus, como tantos han partido debido al cáncer, al sida, un accidente o en medio de un sueño. Todo está perfecto. Estoy convencida de que antes de venir a esta vida escogimos el momento exacto de morir. Los que han partido durante este año quisieron hacerlo así para dejarnos una enseñanza profunda sobre la muerte, para sacudirnos y pedirnos que no la ignoremos más y que transformemos nuestra relación con ella. Les agradezco a esas almas por esto. También honro y agradezco a las almas que, en medio de la pandemia, decidieron nacer en este mundo. Bebés de las estrellas que vienen a mostrarnos el camino y expandir la conciencia. Como ves, vida y muerte danzan unidas, no son enemigas.

Por otra parte, al tener la muerte de frente hemos podido ver qué tanto honrábamos nuestra existencia. ¿Somos muertos en vida, asistiendo a trabajos que no nos gustan, apegados a relaciones toxicas y limitados por nuestras ideas? ¿O vivimos como seres soberanos capaces de honrar nuestra esencia?

Ahora quiero contarte un poco sobre mi relación con la muerte. Desde muy chiquita el tema me inquietó. Realmente no entendía por qué todos lloraban y sufrían tanto cuando alguien moría y por qué no podían verlo de otra manera. Pero como la reacción que veía en mi entorno era de absoluta tristeza, compré la idea de que tenía que ser así, lo que me generó un miedo profundo a la muerte de mis padres.

Antes de los siete años no podía irme a dormir tranquila sin antes abrazarlos y decirles: "Por favor, no te vayas a morir". Mi mamá me aseguraba que no iba a hacerlo y eso me tranquilizaba siempre. Pero mi papá, luego del abrazo, me decía: "Algún día voy a morirme". Escucharlo me angustiaba. Las respuestas de ambos eran tan ciertas como disímiles. Por un lado, jamás morimos, la muerte no existe. Por el otro, el cuerpo es mortal y algún día todos dejaremos esta existencia. Mi mamá me entregaba la respuesta del alma, mi papá la de este mundo.

Pero la prueba llega realmente cuando un ser querido se va. Cuando murió mi abuela materna, quien fue siempre muy cercana a mi hermana y a mí, no me desgarré como pensé que lo haría. La gente decía que yo era muy fuerte, pero en realidad, aunque estaba triste, sentía que su momento de partir había sido perfecto y solo tenía gratitud hacia ella. Unos días antes de su muerte había soñado que ella trascendía y cuando llegó el momento no me sorprendió. Pude soltarla y comprender que estaba en luz.

Sin embargo, mi gran reto llegó realmente con la muerte de mi padre en enero del 2019. La noche del 6 de enero tuvo un derrame cerebral muy fuerte. Por supuesto, la noticia fue una dolorosa sorpresa para todos. En cuestión de minutos mi papá ya no era mi papá. Gran parte de su cerebro se había apagado, tenía paralizado todo el lado izquierdo del cuerpo y no podía hablar. El derrame fue justo en un punto del cerebro que controla el habla y el movimiento.

Recuerdo la angustia, la incertidumbre, el dolor de verlo así. Los médicos no decían mucho, pero el diagnóstico no era positivo. Con mi papá nos quisimos, compartimos un mismo ideal político, pero nunca tuvimos una relación afectiva cercana. Aunque estuvo presente físicamente, fue un padre ausente emocionalmente. El tema de mi relación con mi padre fue uno de los ejes de mi vida durante mucho tiempo. Hice años y años de terapia, varias psicomagias y rituales, porque quería sanar el vínculo y me daba pavor que no lo lográramos en esta vida. Aunque sané y pude integrarlo, nuestra relación siempre fue distante. Peleábamos porque nuestras maneras de ver la vida chocaban continuamente. Y, de repente, allí estaba, con su cuerpo largo y huesudo, acostado en una cama de cuidados intensivos y conectado a un montón de tubos que sonaban.

Cuando lo vi por primera vez me di cuenta de que el ser racional ya no estaba, pero a cambio comenzaba a aflorar su verdad interior, esa esencia que le ocultó al mundo durante tanto tiempo o que muchos, como yo, no lográbamos ver. Algunos decían que lo mejor era que su alma partiera porque si vivía iba a quedarse como un vegetal. Otros aseguraban que era posible recuperarse y que era mejor que se quedara. Yo decidí respetar su decisión porque el alma siempre es la que sabe qué experiencias necesita para su evolución. Le dije que si decidía quedarse estaba bien, íbamos a acompañarlo y sería un gran aprendizaje como familia. Pero que si quería irse también estaba bien. Sería perfecto. Cuando los ciclos de vida se cierran, se cierran.

A los pocos días, supe que mi papá iba a irse. Así comenzó un hermoso proceso de nueve días y nueve noches en la clínica. Yo había acompañado a otros seres a partir cuando sus familiares me lo pedían, pero él era mi padre. Lloramos, sentimos el dolor, pero también respetamos su proceso y lo soltamos. Todos los días le preguntaba si quería reiki y siempre contestó que sí. Le canté (porque el reiki que yo hago es con sonidos), le puse cuarzos maestros con las puntas hacia arriba para ayudarlo a trascender, y una aventurina verde (un cristal que calma mucho el corazón) en su pecho. Le gustaba mucho tener ese cristal.

Él, que habló tanto, tuvo que callarse y escuchar. Durante nueve días, número iniciático y sagrado, nos escuchó, se dejó tocar, acariciar y besar. Todo lo que quise decirle, se lo dije; todo el amor que tenía para entregarle, se lo entregué. Saber morir es tan importante como saber vivir. Hoy puedo asegurarte que no son necesarios años y años para sanar algo, puedes hacerlo en un día, en un segundo. Mi relación con mi papá sanó en esos nueve días, se transformó. Recuerdo que unos días antes del derrame le dije que su arcano del año era El Papa, que había llegado el momento de salir de la cabeza y entrar al corazón. Y eso fue lo que hizo, conectó con el lenguaje del corazón.

La última noche de mi papá en este mundo la pasé con él. En la habitación había flores, cristales y una vela violeta con una llama inmensa. Hacia las seis de la mañana, cuando el día comienza y la vida vuelve a florecer, mi papá trascendió. Y yo estaba ahí y fue hermoso. Hay una gran belleza en la muerte si aprendemos a verla. Mi papá se fue libre, se fue siendo profundamente amado. Su cuerpo parecía el de un ermitaño, pero su cuerpo ya no era él.

Su partida ha dolido, pero no me ha desgarrado. Lo siento más cerca que nunca, he tomado la luz de su linaje, lo he honrado e integrado. En un país como Colombia, en donde miles mueren abruptamente todos los días debido a la violencia, acompañar a un ser querido a partir es un privilegio. Mi papá está en mí porque, como enseña *Un curso de milagros*, lo que es real jamás podrá ser amenazado, ni siquiera por la ilusión de la muerte.

Los caminos de EL ARCANO SIN NOMBRE

El camino de la desidentificación con el cuerpo

El Arcano Sin Nombre nos recuerda que no somos un cuerpo, algo que todos los que hemos acompañado a un ser querido a trascender hemos podido comprobar. Creer que somos un cuerpo limita nuestra posibilidad de recordar que somos seres multidimensionales. Por supuesto, mientras estamos encarnados, el cuerpo es importante, es un canal de manifestación y un vehículo de comunicación. Lo necesitamos para atravesar la experiencia de este mundo. Acéptalo y quiérelo tal como es, sabiendo que es una vía para estar en este mundo, pero ten claro que no te define. Nunca lo hará.

El camino de la siembra

Para sembrar hay que seguir algunos pasos: limpiar el terreno, escoger un pedazo de tierra fértil, elegir correctamente la semilla que queremos ver florecer y luego cuidar la tierra, regarla las veces que sea necesario y estar pendientes del momento de la cosecha. De lo contrario, todo el proceso puede arruinarse. Para que una nueva realidad se manifieste es clave preparar nuestro terreno interior, lo que implica un poderoso movimiento energético de transformación. Debemos limpiarnos de la basura y los lastres que cargamos, estar alineados con los pedidos del espíritu y saber muy bien qué queremos ver florecer en nuestra vida y con qué conciencia vamos a sembrar esas semillas. Luego hay que esperar a que nuestros frutos estén maduros. Y créeme, si hacemos el trabajo, lo estarán.

El camino del buen morir

El Arcano Sin Nombre nos recuerda que somos seres mortales y que es importante saber morir y saber dejar a otros partir.

El momento en el que nuestro ser trasciende, que ya está fijado antes de nacer, es tal vez el momento más importante de la existencia de un ser humano. Saber morir es saber que no somos un cuerpo y entregarse al misterio. Pero muchos temen a ese encuentro sagrado, se apegan a la vida y parten con dolor. En la mayoría de las culturas orientales el proceso de trascendencia es importantísimo, por eso se preparan toda la vida para saber partir. También son conscientes de que el alma necesita el apoyo de sus seres queridos. No le digas a tu ser querido que no te deje o que no podrás vivir sin él si ya está trascendiendo; en ese momento tu amor debe ser superior a tus apegos. Ayúdalo, agradécele, dale tu amor y déjalo libre.

Las preguntas de EL ARCANO SIN NOMBRE

¿Qué debe morir en mí?
¿Qué se está transformando en mí?
¿Qué relación tengo con la muerte?
¿Qué duelos no he podido superar?
¿Cómo podría estructurar mi vida desde mi esencia?

El cristal de EL ARCANO SIN NOMBRE

La hematite, porque es clave vivir en conexión con nuestro propósito esencial. Además, nos ayuda a disolver la negatividad y estar centrados en nuestro eje. Este cristal está compuesto de hierro, favorece la circulación, aporta vitalidad y fortalece nuestro campo energético.

De la mano de EL ARCANO SIN NOMBRE

Medita

Te propongo integrar la imagen de este arcano en tu meditación. Pon la carta en tu altar, obsérvala unos minutos sin forzar nada, luego cierra los ojos y siente como entras en la imagen, cómo tus huesos y tu columna vertebral se convierten en los del Arcano trece. ¿Qué sientes? ¿Qué te pide tu esqueleto? ¿Cómo es tu guadaña, de qué material, de qué color? ¿Para qué te sirve? ¿Qué necesitas cortar o limpiar con ella? ¿Cómo está la tierra que te sostiene? ¿Estás sobre un terreno fértil o árido? Permite que el arcano te hable y te cuente qué necesitas hacer, qué acciones debes tomar y cómo puedes vivir desde tu esencia. Te sugiero hacer esto durante trece días seguidos. Es gran paso para transformar tu vida.

Masaje de los huesos

Conéctate con tu esqueleto. Para esto te sugiero hacerte un masaje iniciático de huesos (tienes que buscar algún experto en esto) o ir donde un buen quiropráctico que alinee tus huesos y tu columna vertebral. Cuando los huesos de tu columna están donde deben estar la energía se mueve por tu canal central de manera fluida y constante. De esa manera es más fácil estar sobre nuestro eje y tener la energía vital necesaria para hacer los cambios que requerimos. También puedes asistir a una clase de danza consciente que se enfoque en el trabajo corporal desde los huesos.

Conecta con la hematite

Este cristal me gusta mucho y es uno con los que trabajo casi a diario porque me ayuda a centrarme en lo verdaderamente importante y protege mucho mi campo energético. Para este ejercicio te propongo comprar seis hematites pequeñas. Acuéstate, enciende una vela, pon sonidos binaurales y ubica las piedras de la siguiente manera: una en cada planta de los pies, una en el ombligo, una en el centro del pecho y una en cada palma de la mano. Relájate, respira profundo y observa cómo la hematite va fusionándose con tu cuerpo. Quédate así entre veinte y treinta minutos. Solo pídele al alma del cristal que te ayude a ir a lo esencial, que te muestre lo importante y que te guíe hacia tu ser. Después escribe tu experiencia y las ideas o mensajes que aparecieron durante la práctica.

XIIII
TEMPERANCE

TEMPLANZA

Reconozco la divinidad que me habita

Palabras clave: ángel guardián, comunicación, intercambio, telepatía, dependencia, respiración, autoconocimiento, fraternidad, sanación, armonización de las polaridades, circulación, protección, sueños premonitorios, armonía, mesura, duelos, paz, salud.

Estamos ante el gran ángel del tarot. Si bien en los arcanos mayores hay cuatro ángeles más que aparecen en El Enamorado, El Diablo (el ángel caído), El Juicio y El Mundo, los cuales proponen un trabajo angélico específico, el ángel del arcano catorce abarca toda la carta. A diferencia de los ángeles de El Enamorado o El Juicio, que están arriba en el cielo, tiene los pies puestos en la tierra y unas alas inmensas. Está aquí con nosotros, en este mundo, esperando que aceptemos su presencia.

Si te fijas, el nombre de esta carta no tiene artículo. Aunque muchos llaman a este arcano La Templanza, es sencillamente Templanza, una de las virtudes cardinales. Puedes usar el artículo "el" porque es un ángel y el artículo "la" porque hace referencia a una cualidad del espíritu. De hecho, para la religión católica la templanza es uno de los dones que nos entrega el Espíritu Santo. Es una invitación a vivir con moderación.

Para mí, Templanza es el más poderoso y contundente de los ángeles del tarot. Tiene una armoniosa presencia, alas, dos jarras, una flor de cinco pétalos en la frente (distintivo de la quintaesencia y el pensamiento divino) y ojos amarillos, símbolo de quien realmente ha visto y conoce a Dios. Después del paso por El Arcano Sin Nombre, nos damos cuenta de que la muerte no existe y de que el camino continúa. Templanza es la afirmación de nuestra divinidad.

Sin embargo, aunque este ángel tiene hermosas alas con las que puede volar, está enraizado en la tierra, recordándonos que antes de trascender debemos hacer un trabajo en esta encarnación, por lo que es clave profundizar en la unión con nosotros mismos y en la conexión con los planos más sublimes de la existencia. Lo intangible convive con nosotros, aunque no nos demos cuenta.

Según la Biblia, los ángeles son mensajeros alados que entregan algún anuncio, advertencia o información relevante. Incluso, se dice que cada ser viviente tiene su propio ángel de la guarda. Para muchos de nosotros, el ángel de la guarda fue el primer contacto que tuvimos con la divinidad. En mi caso, como estudiaba en un colegio judío, me costaba mucho relacionarme con la Virgen María, los santos católicos o Jesús. La única conexión espiritual que tuve por años fue con mi ángel de la guarda y luego con mi adorado arcángel Miguel. Gracias a esa cercanía siempre me he sentido absolutamente protegida y bendecida, lo que me ha dado una dulce sensación de seguridad y certeza en mi camino.

Además, aprendí que los ángeles siempre responden. Lo comprobé por primera vez en la adolescencia, cuando me sentía más perdida. Recuerdo que a los dieciséis años todo me abrumaba y no lograba ser feliz. Un jueves en la tarde, desesperada, les dije a mis ángeles que no podía seguir así y que me mostraran el camino. Me acosté en la cama de mis papás y encendí el televisor llena de tedio. Estaban dando un programa que se llamaba *SOS Familia* y que dirigía una psicóloga colombiana muy reconocida. Nunca había visto el programa, pero me enganché oyendo a los dos invitados de ese día: Ángela Durán (conocida como la hermana María) y Hélmer Zuluaga, quienes estaban hablando sobre un taller de desarrollo personal que iban a dictar ese fin de semana.

Inmediatamente supe en mi corazón que tenía que estar ahí y le rogué a mi mamá que me llevara. El sábado, a las nueve de la mañana, estaba en el taller. Éramos más de cincuenta personas y yo era la más chiquita. Esos dos seres, que no se consideran maestros, han sido grandes maestros a lo largo de mi vida. Con ellos comenzó todo. Así empecé a recordar. Yo lo pedí y los ángeles me guiaron hasta allá.

Luego entendí algo que me gustaría compartirte y es que los ángeles y arcángeles no están aquí para quitarnos o llevarse lo que no deseamos, sino para recordarnos la verdad que somos. El arcángel Miguel no se lleva tus miedos, los transforma para recordarte el amor. Rafael no se lleva la enfermedad, la transforma para recortarte la salud infinita que eres. Chamuel no te quita las penas del corazón, las transforma para recordarte que el amor es tu herencia. Uriel no se lleva tus angustias económicas, las transforma para recordarte la abundancia que te rodea.

Pero volvamos a Templanza, cuya imagen representa uno de los arquetipos de la curación. Nos conduce, de una manera muy amorosa, a sanar enfermedades, creencias y viejos dolores emocionales. Sus jarras, que comunican una especie de energía vital, nos invitan a fluir, a liberar emociones y sufrimientos estancados. Hacer este trabajo de sanación implica un compromiso mayor en el que nos permitimos sentir emociones enquistadas para sanarlas y poder realizar un genuino proceso de perdón. Si hemos hecho nuestros duelos aquí se abre una comprensión mayor de la existencia. Entendemos que nadie nunca muere, que nadie se va, que nada se pierde y que todo es un flujo constante de energía.

Pero si después del paso por El Arcano Sin Nombre seguimos peleando con la muerte, Templanza revelará posibles parálisis emocionales, apegos profundos y duelos sin resolver. Puede surgir un rabioso reclamo a Dios o un sentimiento de injusticia permanente. Creemos falsamente que el cielo está en contra nuestra, lo que hace que sea casi imposible alcanzar la paz. Cuando el ser humano experimenta profundos estados de paz se acerca a su verdad interior. La paz trae armonía a nuestras relaciones y nos mantiene en un estado constante de conexión divina.

Por otra parte, Templanza es el arcano de la comunicación, así lo representan las urnas o jarras que tiene en sus manos y de las cuales surge un flujo energético constante. Es importante observar que no es precisamente agua lo que fluye entre las vasijas, ya que el líquido tiene un movimiento distinto. A través de sus jarras se manifiesta otro tipo de energía, la cual vamos a necesitar si estamos dispuestos a transitar por los ocho arcanos siguientes.

En el acto de vaciar y llenar las jarras realiza un proceso alquímico con dos sustancias que parecen brotar de una fuente eterna e invisible. De esa manera, comunica la energía del cuerpo y el espíritu, el consciente y el inconsciente, lo masculino y lo femenino, la razón y la intuición, el principio activo y el principio receptivo, la luz y la sombra, el mundo divino y el mundo de la materia. Al hacerlo, nos ayuda a reconciliar los opuestos. Abre una vía para que puedan comunicarse sin tener que negar o rechazar a ninguno de ellos.

Si La Emperatriz busca expresarse, Templanza quiere comunicarse. La comunicación que nos propone este arcano se desarrolla en cuatro ámbitos: la comunicación con la sociedad, la comunicación interpersonal que tenemos todos los días con nuestros seres queridos, compañeros de trabajo y personas que nos cruzamos en el camino; la comunicación con nosotros mismos, la cual tiene que ver con la capacidad de escucharnos, y, por último, la comunicación con los mundos y seres invisibles.

Unificando esas cuatro vías se integran los dones de la comunicación. El número catorce, pareja numerológica de El Emperador, nos pide crear una estructura espiritual, un compromiso de vida en el que la comunicación sea uno de los ejes fundamentales. Cuando aprendo a comunicarme, aprendo a expresarme desde mi verdad, puedo escuchar al otro sin juzgarlo, me permito tener espacios para atender mis necesidades y deseos, y para conectar con los seres de luz que están siempre conmigo. Comunicarnos con nuestros guías, ángeles y maestros nos permite vincularnos con los pedidos de nuestra alma y recibir la información que necesitamos.

Pero desde la sombra este arcano tiende a llevarnos a la desmesura, al gasto excesivo e innecesario, a la exageración de nuestras emociones y a la manipulación emocional y espiritual. También puede mezclar situaciones y enredarse con las palabras, creando un caos comunicativo a su alrededor. Además, Templanza puede engañarnos fácilmente, haciéndonos creer que, al tener información y realizar ciertas prácticas espirituales, somos mejores que otros. Es un aspecto complejo, del que solo podremos darnos cuenta con conciencia y observación.

Sus alas también simbolizan los pulmones y el aire, por lo que es un arcano que está íntimamente conectado con la respiración y con problemas asociados al sistema respiratorio. Templanza nos recuerda que la respiración es vida y que es la herramienta con la que todos contamos para regresar rápidamente a lo esencial. Respirar nos permite aquietarnos, disminuir el flujo de los pensamientos y entrar en el presente. Cuando respiramos conscientemente, nuestras células se oxigenan, todo comienza a estar en calma y se abre la puerta para la llegada de la paz. Somos luz y Templanza está aquí para recordárnoslo. Sin esa conciencia será muy difícil asumir el encuentro con El Diablo.

Los caminos de TEMPLANZA

El camino del ángel guardián

Templanza nos invita a reconocer la presencia de nuestro ángel de la guarda y nuestros ángeles guías, y a conectar con ellos. Cuando transitamos esta vía de la mano de los ángeles, sintiendo su amor y su presencia, todo se hace más llevadero. Este camino conduce a un despertar espiritual y nos ayuda a darnos cuenta de que no estamos solos. Pídeles a tus ángeles las señales que necesitas. Pide y se te dará. *Un curso de milagros* afirma algo muy cierto: "Hay muchas respuestas que ya has recibido pero que todavía no has oído". Ábrete y escucha.

El camino del medio

Recuerda que Templanza nos pide mesura y transformar los opuestos en energías complementarias. Para lograrlo nos propone transitar por el camino del medio, como lo llaman los budistas, que es el que nos conduce a la reconciliación de los extremos y el que le permitió a Buda alcanzar el nirvana. Al hacerlo nos damos cuenta de que, en realidad, todo es lo mismo. Sobre esto nos enseñan mucho las parejas numerológicas del tarot: La Emperatriz y el Arcano Sin Nombre, El Emperador y Templanza, El Papa y El Diablo, El Enamorado y La Casa Dios. Parecen ir en direcciones opuestas, ser muy distintos, pero en realidad tan solo son dos caras de una misma moneda, dos caminos interiores que comparten el mismo propósito espiritual. La reconciliación de los aparentes opuestos lleva a la paz y la paz conduce a la iluminación.

El camino amarillo

Este camino está presente en los ojos amarillos de Templanza (así lo podemos ver en la versión del tarot de Marsella restaurada por Jodorowsky y Camoin). Es el único arcano mayor que tiene los ojos de este color, lo que indica que puede ver luz en todo lo que existe. Como te conté, es un ángel enraizado en este mundo. Te recuerda que puedes volar a otras dimensiones y te reta a ver la luz en todo lo que existe. Suena lindo, pero hacerlo no es tan fácil, requiere ir más allá de lo que ven los ojos del cuerpo para conectar con la visión real, la cual siempre es guiada por el espíritu.

Las preguntas de TEMPLANZA

¿Qué aspecto de mi vida necesito sanar?
¿Qué necesito integrar?
¿Qué relación tengo con mis ángeles?
¿Qué dice de mí mi manera de comunicarme?
¿Cuándo pierdo la mesura y por qué?

El cristal de TEMPLANZA

La amatista, porque para tomar nuestra luz es necesario conciliar los opuestos. Tranquiliza, alivia dolores emocionales, nos ayuda a asimilar nuevas ideas y a conectar con la intuición y la sabiduría.

De la mano de TEMPLANZA

Tú y tus ángeles

Conecta todos los días con tus ángeles. Hay muchos libros sobre ángeles en los que podrás encontrar varios ejercicios y meditaciones para hacerlo, por eso no quiero darte una práctica específica, ya que el camino de comunicación con nuestros ángeles es muy personal. Sin embargo, voy a contarte lo que yo hago, pues tal vez te sirva de inspiración. En realidad, es muy sencillo: solamente invoco su presencia y les pido guía, luego no fuerzo las cosas ni acelero las señales porque sé que los tiempos del cielo son diferentes a los míos. Así que pido y libero el resultado. Con el arcángel Miguel, mi gran protector, lo hago diferente. En ocasiones, cuando termino la meditación, lo invoco visualizando que un hermoso rayo azul índigo me baña y me cubre por completo. Esa luz me limpia y elimina mis temores para restaurar la paz y la confianza en mí. A veces imagino que su espada corta nudos y lastres emocionales, y evita que frecuencias bajas y discordantes entren a mi campo energético. También te recomiendo tomar esencias florales como *orquídea comunicación con los ángeles* u *orquídea ángel de la protección*: ambas te ayudarán a abrir tus canales para crear poderosos puentes de comunicación con ellos.

Respira

Respirar con conciencia es clave. Te recomiendo aprender diferentes técnicas de respiración que ayudan a centrarnos y cambiar rápidamente de frecuencia energética. Voy a proponerte dos que son sencillas y me gustan mucho. La primera es el conocido *pranayama* (ejercicio respiratorio para concentrarse y expandir la fuerza vital), que equilibra los hemisferios cerebrales (lo que ayuda a reconciliar opuestos). Para hacerlo, siéntate cómodamente con la espalda recta. Tapa con un dedo la fosa nasal derecha y permite que el aire entre por la izquierda, luego tapa la izquierda y deja que el aire salga por la derecha. Por esa misma fosa vuelve a inhalar y luego exhala por la izquierda. Repítelo varias veces, por lo menos nueve. A mí me trae mucha calma y me gusta hacerlo antes de meditar porque limpia los canales energéticos del cuerpo. Otra opción es inhalar profundamente, retener el aire siete segundos o más mientras tensionas todo el cuerpo, y luego exhalar hondamente por la boca, soltándolo todo. Hazlo tres veces seguidas.

Crea tus alas

Aunque hemos representado a los ángeles con alas, no creo que sean así. Sin embargo, las alas son un símbolo hermoso que nos recuerda nuestra condición divina y la capacidad que todos tenemos para conectar con estados intangibles y profundos del ser. Para que tengas presente tu esencia divina te propongo crear tus propias alas. Sé lo más creativo(a) posible: mezcla materiales, colores y texturas (cartulina, algodón, plastilina, escarcha, hojas, etc.). Tus alas te recuerdan tu realidad inmortal. Te propongo que mientras las haces te conectes con los cuatro ejes de la comunicación que nos propone este arcano. Hazlas con la intención de mejorar tu comunicación en todas las vías y de estar más abierto(a) a la comunicación contigo y con tus seres de luz.

XV
LE DIABLE

EL DIABLO

Veo mi sombra

Palabras clave: pasión, sexualidad, creatividad, inconsciente, manipulación, ataduras, contratos, tentación, excesos, adicciones, vicios, perversiones, vitalidad, seducción, magnetismo, encanto, orgullo, prohibición, narcisismo, potencia, saboteo, artista.

Después del ángel aparece El Diablo. Según la tradición judeocristiana, Lucifer era un ángel brillante y hermoso, pero también arrogante y orgulloso. Por envidia organizó una rebelión contra Dios, pues quería ser como él. Cuando Dios se enteró de sus intenciones, lo castigó expulsándolo del cielo junto con otros ángeles rebeldes. Se le llamó "el ángel caído" y luego se conoció como Satanás (que en hebreo significa "adversario").

Como figura arquetípica El Diablo nos recuerda que no podemos avanzar si no reconocemos nuestra sombra. Junto con El Colgado y El Arcano Sin Nombre ha sido uno de los arcanos más temidos del tarot. Sin duda es una de las imágenes sobre la que hemos proyectado una cantidad inmensa de miedos. Muchos lo consideran una señal de magia negra, pues siguen creyendo en el diablo que nos ha vendido la religión católica: un ser maligno, que nos engaña y seduce peligrosamente. Al fin y al cabo, fue por culpa del diablo (que tomó la forma de una serpiente) que fuimos expulsados del paraíso.

Su imagen también ha estado presente en diferentes culturas y religiones que han considerado lo demoniaco como parte de la divinidad. Set, el dios egipcio del mal, tomaba la forma de una serpiente o un cocodrilo. En la mitología griega se relaciona al diablo con Hades, el dios de los infiernos, y en el hinduismo con Lama, protector del inframundo.

Pero El Diablo del tarot de Marsella es muy particular. Es el arcano del servicio, de los artistas y de la pasión creativa. También de todo lo que rechazamos en nosotros, de las adicciones y de los miedos más profundos. La palabra Diablo viene del griego *diabolos*, que significa "atravesar". Si su pareja numerológica, El Papa, nos pedía atravesar un puente que conduce a otra conciencia espiritual, El Diablo nos empuja a atravesar uno que nos lleva directo a las profundidades del ser.

Sobre su cuerpo tiene muchos ojos: dos en la cabeza, dos en el plexo y dos en las rodillas. Es capaz de verse en varios niveles, de conocerse en su totalidad. Incluso bizquea, los ojos de la cabeza van hacia adentro con mucha concentración y determinación. Es un arcano que mira dentro sí en un acto que parece casi meditativo y nos invita a hacer lo mismo: a ver esos aspectos en sombra que aún nos negamos a reconocer como parte de nosotros mismos.

Queremos huir del diablo, darle la espalda e ignorar su existencia. Pero recuerda que a lo que nos resistimos persiste y toma más fuerza. No querer realizar el trabajo que la sombra nos propone es quedarnos a mitad de camino. Y aunque puede parecer muy aterrador observar y darnos cuenta de nuestros miedos, ansiedades, apegos y adicciones, es únicamente atravesándolos y viéndolos de frente que nos tomamos como seres completos.

Sin embargo, no es fácil hacerlo. Vivimos en una sociedad que nos ha exigido ser buenos desde que éramos niños, lo cual puede pesar tanto como la idea de ser malos. Bajo esas premisas todo se vuelve un caos. Empezamos a reprimir actitudes y emociones que consideramos erróneas y las enviamos al área de la sombra. Están ahí, pero intentamos no verlas, creyendo que al ignorarlas desaparecerán, pero sucede justo lo contrario: su pulsión se hace más grande. En *Jung y el tarot*, Sallie Nichols lo explica de una manera muy apropiada: "Es un axioma de la vida que, cuando unos aspectos negativos de nosotros mismos no se reconocen como pertenecientes a nuestro interior, aparecen para actuar en contra de nosotros desde el exterior"*.

En vez de ir al encuentro de la sombra, disociamos nuestro ser. Nos permitimos expresar lo que creemos que es bueno y reprimimos lo que consideramos malo. Pero ni lo bueno ni lo malo existen, solo son conceptos que expresan dualidad. Sin embargo, preferimos no pensar en eso y seguir creyendo que Dios es bueno y El Diablo es malo, olvidando que El Diablo también es un ángel, trae un mensaje y hace parte de Dios. Creemos que la única opción que tenemos es reprimir e ignorar. Pero no querer ver nunca es la salida. Es yendo hacia adentro que sanamos y asumimos nuestra verdad.

A mí, por ejemplo, siempre me han dicho que soy muy independiente. Es un aspecto que algunos ven como un defecto, y eso hizo que por mucho tiempo sintiera que había algo malo en mí. Me comparaba con otros y pensaba que si fuera más buena me preocuparía más por los demás. Al sentirme diferente, creía que había algo que tenía que corregir en mí. Pero cuando comencé a verme y a hacer el trabajo que El Diablo me proponía, me di cuenta de que no tenía que hacer ningún esfuerzo para encajar y que la comparación es una de las trampas más peligrosas de este arcano, porque, en vez de llevar la mirada sobre uno mismo, la conduce sobre los demás.

---

*Sallie Nichols, *ibíd.*, p. 371.

Eso siempre genera dualidad y separación. Cuando integramos lo que somos desde nuestro espíritu, nos acercamos a la unidad; comparándonos, nunca lo hacemos. Hoy soy consciente de que el hecho de escuchar mis necesidades y ponerme de primera no borra lo cariñosa que soy ni la dulzura que expreso en mis vínculos.

El Diablo da miedo porque nos enseña que hay algo dentro de nosotros que necesitamos integrar. Nos recuerda que somos seres sexuales, que el sexo no es solo para procrear, que un orgasmo es divinidad y que somos poderosos y creativos. Para El Diablo la energía sexual es la misma manifestación de la energía creadora. Por eso nos invita a sanar nuestra sexualidad, un tema que este arcano trabaja a profundidad. Desde la luz, la sexualidad en El Diablo es sagrada. Pero desde su sombra, hace referencia a todas las perversiones sexuales: ninfomanía, pedofilia, sadismo, masoquismo…

Cuando la sexualidad se reprime, se vive desde la perversión y la culpa. El Diablo también se relaciona con los excesos y las adicciones al alcohol, las drogas, los juegos de azar o el sexo. En ese sentido, este arcano simboliza el bajo mundo, las adicciones que dominan al ser humano y la pérdida del poder personal. Otro aspecto en sombra tiene que ver con el ego, un ego que se resiste a cambiar, que cree tener siempre la razón y que es vanidoso y voluntarioso.

Pero sigamos analizando la imagen. Este diablo tiene pies de ave depredadora y alas de murciélago, un símbolo que recuerda su existencia en la oscuridad y la profundidad del inconsciente. Sus dos lenguas, la de la cara y la del plexo, están afuera porque no oculta nada, pidiéndonos renunciar a cualquier hipocresía. Si te das cuenta, él saca la garra. Está bien parado en el mundo, nos empuja a tomarnos en serio y atrevernos a ocupar nuestro lugar.

Además, tiene dos pechos y un falo, así que estamos ante un ser hermafrodita. También tiene una antorcha de fuego, símbolo del fuego creador con el cual ilumina su camino. Pero el fuego que nos ofrece puede salvarnos o destruirnos, conectarnos con nuestros talentos y pasiones o sumergirnos en nuestro propio infierno. Sobre su cabeza tiene dos cuernos de ciervo, los cuales representan su capacidad de servir. Sin embargo, para servir a otros, El Diablo debe aprender a servirse a sí mismo. Bien lo dijo Jesús: "No se puede servir a dos patrones" (Mateo 6:24). O sirves a tu ego o sirves a tu espíritu. Esa decisión es tal vez la más importante que nos plantea este arcano.

Por último, un tema clave aquí tiene que ver con el apego. Yo lo observo siempre en los dos personajes, mitad diablos y mitad humanos (uno femenino y otro masculino) que están amarrados con un nudo en el cuello. Tienen orejas de animal, cuernos, pezuñas y rabos, pero su expresión no es amenazante. Para mí, representan nuestros apegos emocionales. Los lazos nos recuerdan que hay distintas maneras de vincularse en una relación: desde el amor o desde el apego. El Diablo nos pregunta en qué se basa nuestro vinculo, qué nos mantiene al lado de una persona y cuáles son nuestros apegos emocionales.

Por otro lado, el nudo en la garganta tiene que ver con algo que no se ha dicho en una relación a la que le hemos cedido nuestro poder. Desde ese lugar, esos lazos personifican los contratos que hacemos con otros. Siempre en nombre del apego y el miedo, nunca en nombre del amor. Por ejemplo: "Si te quedas conmigo, yo te dejo hacer lo que quieras" o "Si estás a mi lado, yo te mantengo".

Muchas veces es inconsciente, pero hay que verlo, porque cuando el vínculo se basa en un contrato jamás hay una unión real. Esto conduce a relaciones tóxicas de las que, generalmente, cuesta desprenderse hasta que hacemos conciencia del contrato y desatamos el nudo con el que nosotros mismos decidimos amarrarnos. Pero desde la luz, este lazo puede simbolizar una alianza verdadera, un matrimonio o un buen contrato laboral.

Finalmente quiero decirte que su antorcha (que también podríamos ver como un poderoso basto) nos recuerda que, cuando activamos nuestro fuego interior, nos conectamos con la energía de la valentía. El Diablo te invita a atravesar eso que no quieres con arrojo y confianza. No desea asustarte, desea liberarte.

Los caminos de EL DIABLO

El camino de la sexualidad

El Diablo nos recuerda que la sexualidad hace parte de la vida y que, por lo tanto, no podemos renunciar a ella. Por eso nos invita a observar qué creencias limitantes hemos heredado sobre el gozo, el placer y las relaciones sexuales. El Diablo nos pide quitarnos tanto lastre mental para poder conectarnos con nuestra propia manera de experimentar la sexualidad. Este arcano jamás te dirá que hay una única manera de vivir la sexualidad, pero sí te empujará a descubrir la tuya, a crear vínculos amorosos y a lograr una verdadera comunión con el otro a través del sexo. Ábrete a la sexualidad y, si no tienes pareja, experimenta contigo. Si te sientes bloqueado(a), date la oportunidad de conectar con el gozo a través de otras actividades que te gusten. Si lo haces, poco a poco será más fácil vincularte con el placer.

El camino del servicio

Si has aprendido a servirte a ti mismo(a), podrás comenzar a transitar por este camino. A través del servicio El Diablo encuentra su realización, se conecta con la energía de la verdadera solidaridad y es guiado por los pedidos de su espíritu. Por supuesto, el servicio parte de lo que tú sabes, puedes y quieres hacer, ya que no hay una única manera de hacerlo. Servir no significa donar muchísimo dinero o estar físicamente presente en un lugar. Servir también tiene que ver con lo que les das a los demás en tu día a día. Al escuchar genuinamente a otro ser humano estás sirviendo, también lo haces cuando compartes una comida, cuando inspiras a otros con tu experiencia, cuando ayudas a alguien a confiar en sí mismo o cuando puedes donar tu tiempo y dinero. Hay muchísimas maneras de servir y ninguna es mejor que la otra. Descubre la tuya, tu propia manera de compartir tus tesoros.

El camino del artista

Para transitar esta vía no tienes que ser artista, aunque tal vez ya lo eres. Este camino te pide conectar con la creatividad. En el tarot lo creativo y lo sexual hacen parte de una misma energía. Trabajar con una te ayuda a integrar a la otra. La vía del artista nos saca de la mente y nos lleva al cuerpo, nos ayuda a darnos cuenta de que hay otras maneras de expresar lo que sentimos y pensamos sobre nosotros y el mundo. Conecta con alguna actividad creativa que te gustaría desarrollar o empieza a asistir con más frecuencia a exposiciones y museos. Observa la manera en qué otros han representado el mundo y descubre qué se mueve dentro de ti.

Las preguntas de EL DIABLO

¿Cómo me relaciono con mi sombra?
¿Qué no he querido ver?
¿Desde dónde me estoy vinculando con los demás?
¿Qué espacio ocupa la creatividad en mi vida?
¿De qué manera puedo servir?

El cristal de EL DIABLO

La malaquita, porque nos impulsa a reconocer la sombra y asumir el poder. También nos ayuda a tomar responsabilidad y a observar nuestros apegos.

De la mano de EL DIABLO

El Diablo y tú

Una de las mejores maneras de integrar este arcano es viéndolo y teniéndolo muy presente. Como El Diablo genera tanto miedo y rechazo, lo mejor que puedes hacer es tener el arcano a tu lado, incluso comprarte una escultura con su imagen. En México, donde la figura de la calavera y el diablo hacen parte de la cultura popular, compré hace muchos años un diablo rojo de madera, con cuernos y grandes dientes. Esa figura me ha acompañado por años porque siento que, al tenerla cerca, recuerdo siempre la importancia de ver y tomar mi sombra. Así que consigue una imagen física o usa la del tarot como pantalla del celular o el computador por un tiempo. Ver al diablo te llevará a verte a ti mismo(a), a descubrir tus miedos más profundos, tus pasiones latentes y tu fuerza creativa.

Desata los nudos

Te propongo trabajar con tus apegos. Para esto no hay soluciones mágicas, el desapego llega poco a poco de manera natural, no puedes forzarlo, pero sí puedes desearlo y comprometerte con tu proceso. Este ejercicio de visualización lo puedes repetir todas las veces que creas necesario. Imagínate rodeado por una inmensa y bellísima esfera de luz. Siente si estás solo(a) en esa esfera o si hay algo o alguien más. Empieza a explorar tu esfera, a darte cuenta de todo lo que cargas ahí. A continuación, empieza a sacar, con tu intención, todo lo que encuentres: puedes ver la imagen de alguna persona, símbolos de nudos o cadenas, objetos, todo con lo que te identificas o te sientes apegado(a). Saca lo que no debe estar ahí, pues es tu espacio sagrado. Imagina frente a ti un fuego muy hermoso, al que vas a entregarle todo lo que salga de tu esfera. Hazlo hasta que sientas que solo estás tú dentro de la esfera de luz. Cuando eso pase, experimenta cómo te sientes: ¿Cambian tu energía física y tus emociones? ¿Te sientes cansado(a) o solo(a)? ¿Te sientes más liviano(a) y empoderado(a)? Lo que descubras está perfecto. Si sientes que perdiste algo al sacar todo eso de tu esfera, sigue trabajando el desapego. Recuerda que la voluntad interior es más fuerte.

El fuego y las rosas

Para despertar el fuego creador trabaja con la rosa, símbolo del despertar espiritual del ser humano, pero también del amor, la sensualidad y la pasión. Además, al conectar con la energía de la rosa empezamos a diferenciar el amor del apego. Te sugiero dos acciones. La primera es comprar un aceite esencial de rosas de buena calidad y, todos los días, luego del baño de la mañana o antes de dormir, aplicarlo en las zonas que nos propone El Diablo: el tercer ojo, el centro del pecho, el plexo solar y las rodillas. También puedes poner un poco en las muñecas y detrás de las orejas. La segunda es tomar esencias florales que vengan de las rosas. La *cherry plum*, o cerasífera, vibra con la energía de El Diablo porque nos ayuda a integrar nuestra sombra para poder amarnos de manera íntegra. También la rosa silvestre de California, ya que actúa directamente sobre el chakra del corazón para encontrar motivación y vitalidad.

XVI
LA • MAISON • DIEV

LA CASA DIOS

Descubro que las crisis son sagradas

> ***Palabras clave:*** crisis, construcción-destrucción, liberación, apertura, vacío, mudanza, separación, secreto revelado, sobreprotección, corazas, explosión, eyaculación, fiesta, abundancia, lenguaje, encierro, hogar, orgullo, inspiración divina, iluminación.

Estamos ante uno de los arcanos más fascinantes del tarot, pero también frente a uno de los más incomprendidos. Estoy convencida de que muchos de los errores que se cometen al querer trabajar con este arcano surgen de su nombre. Durante siglos, se conoció como La Torre; incluso la mayoría de las versiones del tarot que existen hoy en día siguen llamándolo así. Sin embargo, su nombre real es La Casa Dios.

Aunque algunos afirman que este nombre surgió accidentalmente al transcribir mal el título original de la carta *La Maison de Feu* (La Casa de Fuego), no hay pruebas concretas de que haya sido así. Pero si lo fue, se trata de un accidente acertado. Referirse a este arcano como La Torre o La Casa Dios cambia radicalmente su sentido. Generalmente la carta de La Torre se ha visto como una pérdida, una ruina inevitable o una destrucción terrible. Pero la interpretación cambia cuando le devolvemos su nombre original, en el que está contenido gran parte de su esencia.

Por supuesto, en el arcano dieciséis (un número mágico que se reduce a uno marcando el fin de un ciclo y el comienzo de otro) vemos una torre. Pero si nos damos cuenta, en realidad no ha sido destruida. Un rayo de luz con plumas o lo que algunos ven como una lengua de fuego golpea sobre la superficie de la torre, levantando la corona que servía de tejado.

El rayo viene del cielo y es un elemento de las fuerzas divinas. Los vikingos veían en el rayo la potencia del martillo del dios Thor; los griegos le temían, pues lo relacionaban con la rabia de Zeus, y los romanos le atribuían la fuerza creadora del dios Júpiter. Según los católicos, es el Espíritu Santo, quien se ha representado varias veces como una lengua de fuego celestial. En reiki, uno de los símbolos más poderosos es Rakú, el cual tiene forma de rayo y significa "el rayo de la iluminación".

Si observamos la imagen, el rayo de La Casa Dios parece ser benigno. Es fuerte y hermoso, pues las plumas de colores le dan una cualidad ligera y compasiva, y con su fuerza se dirige hacia la torre. Pero ¿qué lugar es este en realidad? Históricamente las torres han tenido varias funciones. En Mesopotamia fueron espacios de adoración para elevar la conciencia. Luego se construyeron para la defensa, la protección y la observación. También funcionaron como cárceles y espacios de aislamiento social. Pero tal vez la primera torre de la que tenemos referencia en las historias bíblicas es la Torre de Babel, construida para alcanzar el cielo y destruida por la ira de Dios, quien, a manera de castigo, creo las diferentes lenguas.

La torre de La Casa Dios, entre muchas cosas, parece hablarnos de las prisiones que nosotros mismos construimos, de las corazas con las que nos identificamos para defender nuestras ideologías.

Puede representar nuestro encierro psicológico y espiritual, y nuestra incapacidad para ver más allá de la materia. Por algo la corona que se levanta tiene cuatro puntas, un número que hace referencia a el mundo de la materia y la razón gobernado por El Emperador. Hay algo en nuestra estructura psíquica y espiritual que debe cambiar. Por eso el rayo, que no se dirige a los personajes sino a la torre, entra con todo su poder, invitándonos a experimentar su luz. Es hora de que la torre se llene de otra conciencia.

También vemos a dos seres caer desde arriba y tocar con las manos la tierra, recordándonos la posición de El Colgado. ¿Fueron expulsados de su hogar o liberados de una prisión? Si fueron expulsados es porque tal vez estaban encerrados. En ese sentido el rayo no viene a castigarlos sino a liberarlos. Pero su fuerza es tal, que la liberación aparece de una manera abrupta y repentina, sacudiendo toda la vida y generando profundas crisis, las cuales usualmente dan mucho miedo.

Sin embargo, las crisis son parte de la vida. Gracias a ellas se presentan situaciones que a primera vista podemos juzgar como malas y desagradables: una enfermedad, una crisis emocional, una separación, una bancarrota o un sueño que no se realiza. Es un duelo, pero cuando lo atravesamos, la liberación es inmensa. Nos entrega un regalo que solo podemos tomar con el paso del tiempo.

Por otra parte, la torre representa las corazas que nos ponemos para no mostrarnos por completo, por miedo a ser vulnerables o porque nos da pánico sufrir. Pero desde esa falsa idea de protección no cultivamos nada, nos apartamos y somos incapaces de crear nuevos vínculos. Suelta tus protecciones, tienen que caer para que nazca tu estrella, como lo veremos pronto. No hay ningún peligro en ser vulnerables. Tu espíritu jamás puede sufrir, jamás puede dañarse ni opacarse. Cuando te abres a la vida, La Casa Dios es una fiesta, encarna la dicha infinita.

La torre también tiene una connotación fálica. Hace referencia a la energía sexual que se expresa en el mundo y a temas o problemáticas relacionadas con la eyaculación o con un miedo a no poder gestar. También es un arcano conectado con todos los problemas del lenguaje, con los tartamudos y los autistas. Es el lenguaje encerrado. Además, simboliza el sistema inmunológico y es la carta de la somatización. Cuando el sistema inmune no está fuerte, pueden presentarse un sinnúmero de enfermedades.

Así mismo, es el arcano de la alquimia y de la conexión divina. Nos recuerda que la prioridad en la vida es la espiritualidad, pero también puede hablarnos de una gran exigencia espiritual o un orgullo exacerbado. Los pequeños círculos alrededor representan el número de glóbulos rojos y blancos del ser humano, pero también el maná que cae del cielo, las bendiciones escondidas que bañan cada crisis y la abundancia que nos rodea.

Para mí, La Casa Dios es el arcano de la espiritualidad. Nos recuerda nuestra condición divina y nos invita a vivir desde nuestro verdadero hogar: mi Casa Dios, que no es otra cosa que mi verdad interior. Uno de los temas que más me emociona de este arcano tiene que ver con el acto de construir. Porque, aunque la torre está intacta, puede caerse en cualquier momento. No sabemos si es capaz de soportar la potencia del rayo. Hay algo que se destruye para invitarnos a construir de nuevo.

Pero hay maneras de hacerlo. El maestro Jesús fue muy claro cuando explicó, a través de una de sus parábolas, que podemos construir nuestra casa sobre la roca o sobre la arena. Si tu casa está construida sobre la roca "caerán las lluvias, se precipitarán los torrentes y soplarán los vientos, pero la casa no se derrumbará". Por el contrario, "si está construida sobre la arena, cuando caigan las lluvias, se precipiten los torrentes y soplen los vientos, se derrumbará" (Mateo 7:25). De esta manera, Jesús describe hermosamente gran parte del trabajo que nos propone este arcano.

Construir sobre la roca significa construir sobre lo real: el amor, la confianza y el llamado del alma. Construir sobre la arena significa construir sobre ilusiones: el apego, el miedo, la culpa y el llamado del ego. Todo lo que se construya sobre las ilusiones tarde o temprano se caerá. Las raíces de tu casa deben crecer profundamente dentro de ti. Podrás sentir dolor y tristeza o estar enfermo(a), pero nada te tumbará. ¿Por qué? Porque tu poder seguirá estando dentro de ti, porque lo que es real, como ya lo he dicho, no puede destruirse jamás.

Por el contrario, todo lo que ya no vibre con los propósitos de tu alma tarde o temprano se destruirá. Todos los vínculos que no están basados en el amor real, sino en las exigencias, el miedo y la necesidad, tarde o temprano se romperán. Pero esto no es un castigo, todo lo contrario, es una liberación. Tal vez estés pensando que esto suena muy lindo, pero que hacerlo no es fácil. Sí, no es fácil, el ego va a patalear y te dolerá, pero tampoco es imposible.

Cuando aparece este arcano, la sentencia es definitiva: o te mueves o la vida te mueve. O te das cuenta de que tu casa no tiene bases firmes o la vida lo hace por ti. Por eso, si te fijas, el rayo que causa el estallido de la torre viene de arriba, es un rayo que nace del sol, de la conciencia misma del universo. Es el rayo de la iluminación que viene a destruir sin compasión lo que no sirve, no para condenarte sino para que vuelvas a construir desde otro lugar, para que reconozcas que jamás te has alejado de Dios y que tu hogar, tu verdadero hogar, está a su lado.

Paul McCartney escribió *Golden Slumbers*, una hermosa canción de cuna que yo siempre he conectado con esto. "*Once there was a way to get back homeward* (una vez hubo un camino para volver a casa)". Ese camino lo hemos olvidado, pero está aquí. No se ha perdido. Hay que recordarlo y para eso necesitamos vivir desde el esplendor de nuestra Casa Dios.

En ese sentido, este arcano destruye para invitarte a hacerlo distinto. Se vive como una crisis profunda, pero esas crisis no pretenden dejarte en ruinas, incapacitado(a) para levantarte de nuevo. Mucha gente que vive en sombra este arcano no cree que pueda volver a abrirse al amor después de un divorcio o volver a construir una empresa después de una quiebra. Escuchan al miedo, se paralizan y le dan todo el poder a la crisis. La crisis está para enseñarnos, pero derrumbarnos o no es una decisión propia. Como nos lo enseñan los dos personajes que aparecen en la carta, la única manera que tenemos de enfrentar la crisis es lanzándonos a la incertidumbre, perdiendo el territorio conocido y confiando en que seremos sostenidos en el camino.

Voy a contarte una parte de mi historia con este arcano. A finales de agosto del 2018, como ya te había contado, mi vida comenzó a cambiar a pasos de gigante. Me despidieron de un trabajo, a los quince días me divorcié, tres meses después murió mi papá, me trasteé cinco veces de apartamento y, por si fuera poco, comencé a enfermarme. Pero sin duda, el punto de quiebre, el momento en que comenzó a desmoronarse todo fue cuando me divorcié, después de nueve años de matrimonio y once años de convivencia.

Pensé mucho en si quería hablar de esto en el libro, pero decidí contar una parte porque estoy segura de que mi historia puede servirte y porque muchas de las mujeres que me han escrito me cuentan que han vivido algo parecido. Yo siento que tuve un matrimonio feliz, nos llevábamos bien, nos reíamos, viajábamos, me sentía libre. Aunque él nunca conectó con la espiritualidad de la misma manera en que yo lo hacía, siempre fue muy respetuoso con mis prácticas.

Sin embargo, con el paso de los años empecé a sentir una desconexión cada vez más profunda. En agosto del 2017 me di cuenta de que estaba totalmente ausente en mi relación. Creía que todo estaba bien, pero no lo estaba. Supe que ya no podía más, nuestro ciclo se había cumplido y él ya no era la pareja que mi alma necesitaba. Pero tomar la decisión no era fácil. Mis padres lo adoraban, yo adoraba a su familia, teníamos un círculo de amigos en común y sentía una enorme presión social.

Todo el tiempo me decía a mí misma que no había razones para dejarlo. Además, habíamos comprado un apartamento y teníamos una deuda inmensa con el banco. Aunque hablé con él, nada parecía cambiar. Me sentía atrapada en mi propia torre. Sin embargo, un año después, en septiembre del 2018, descubrí que él llevaba varios años engañándome con distintas mujeres. Solo conocí un pedacito de la historia, pero con eso fue suficiente. En medio del dolor supe que esa era mi liberación, mi pase de salida. No había vuelta atrás. Ese día tomé la decisión de divorciarme. El golpe fue fulminante.

Por supuesto vino la rabia, la tristeza, la culpa conmigo misma por no haberme dado cuenta antes, pero gracias a mis guías, al amor de mi familia y a dos terapeutas maravillosos que me acompañaron en el proceso, continúe con mi vida. No tenía idea de cómo hacerlo, pero seguí. También lo logré gracias a mi fuerza interior, porque yo decidí que divorciarme no era mi ruina. Aunque me dolía hasta el pelo, se abría una oportunidad para sanar y hacerlo diferente.

Toda la identidad que había construido como esposa de mi ex se cayó en segundos. Eso me ayudó a reconocer quién era yo realmente, qué contrato hice con él y qué aprendimos juntos. No soy la víctima. Por eso asumí mi responsabilidad dándome cuenta en que me engañaba a mí misma. Él, a quien no exonero de su parte, solo era un reflejo de la desconexión que yo tenía con los pedidos de mi ser. El rayo entró y, gracias a su luz, pude ver.

Mi matrimonio no fue un fracaso: lo que estaba construido sobre la arena se cayó y lo que fue real entre nosotros sigue presente en mi corazón. Honraré siempre esa relación porque me llevó a la pareja con la que hoy comparto mi vida. Mi camino espiritual y el trabajo psicológico fueron mi sostén. El tarot estuvo conmigo. Y, sobre todo, yo estuve ahí para mí, sostenida por mi Casa Dios.

Los caminos de LA CASA DIOS

El camino de la crisis

Para este arcano las crisis no son desastres sino oportunidades que nos piden transitar por otros caminos con más conciencia y amor. Yo estoy convencida de que evitar la crisis lo único que hace es alejar la dicha que nos espera. Las crisis nos dejan sin piso: de repente el territorio que conocíamos y nos hacía sentir seguros ya no existe. Todo se sacude y eso da mucho miedo. Pero al lanzarse y confiar, poco a poco, el camino se irá encontrando de nuevo. Una conciencia distinta surge y nos sentimos más capaces, más fuertes y felices.

El camino de la dicha

Podrá sonarte contradictorio, pero uno de los caminos de este arcano tiene que ver con la dicha. No la dicha por raticos, no esa dicha a medias a la que nos acostumbramos. Se trata de la dicha absoluta y completa que sentimos cuando vivimos únicamente desde la luz que somos. Por eso hay que saber leer el tarot, ya que este arcano puede ser una fiesta. Lo cierto es que, únicamente cuando estamos en nuestra Casa Dios, somos realmente dichosos. Yo siempre le pido al Espíritu Santo que corrija mi percepción. Pido ver y comprender desde la conciencia de La Casa Dios, un arcano que nos recuerda nuestra íntima relación con la divinidad. El cielo no está arriba, no es un lugar extraño, está dentro de nosotros.

El camino de la vulnerabilidad

La Casa Dios nos pide soltar nuestras corazas y atrevernos a ser vulnerables. Es un camino de valientes, de aquellos que están dispuestos a sanar su pasado y volver a manifestar esa relación, sueño o trabajo que anhelan. La única manera de lograrlo, según este arcano, es siendo vulnerables. Darnos el permiso de equivocarnos, de fallar y, si es necesario, de sentir dolor de nuevo. Cuando somos vulnerables reconocemos nuestra fuerza y podemos mostrarnos como somos: con nuestra luz y con nuestra sombra. Comprendemos que cerrarnos a los demás, creando falsas protecciones, solo nos aleja de la vida y el amor.

Las preguntas de LA CASA DIOS

¿Qué he construido sobre la roca?
¿Qué he construido sobre la arena?
¿Cómo he asumido las crisis que se han presentado en mi vida y qué me han enseñado?
¿De qué siento que necesito protegerme?
¿Cómo me relaciono con la incertidumbre?
¿Qué puedo hacer para vivir desde mi Casa Dios?

El cristal de LA CASA DIOS

La apofilita, porque conduce y potencia la energía con la fuerza de un rayo. Estimula la intuición, nos ayuda a enfrentar la incertidumbre y a recordar que somos luz. Te recomiendo conseguir una pirámide de apofilita que puedas poner sobre tu tercer ojo.

De la mano de LA CASA DIOS

Lo que quieres frente a lo que necesitas

Si eres de las personas que tiene una torre de exigencias (físicas, materiales, emocionales e intelectuales) que espera encontrar en una pareja, te propongo este ejercicio. Si no eres así, también te sugiero hacerlo porque nos invita a abrirnos a lo que la sabiduría de nuestro ser sabe que necesitamos. Hazle una carta a Dios o tu ser superior en la que escribas todo lo que esperas encontrar en una pareja; sé lo más conciso(a) posible, detállalo todo. Cuando tengas tu lista escrita, finaliza la carta con la siguiente frase: "Esto es lo que yo quiero Padre, pero por favor envíame a la pareja que yo necesito". Luego dobla la carta y ponla debajo de una vela blanca. Enciende la vela y no la apagues hasta que se consuma por completo. Ábrete a recibir, sigue trabajando en ti y confía en los tiempos del cielo.

Recibe terapia reiki

Para lanzarse a lo desconocido y enfrentar la incertidumbre una de las grandes herramientas con las que contamos es con el reiki (energía universal), una amorosa terapia que te ayuda a restablecer la paz interior en los momentos emocionales más difíciles. Lo ideal es asistir a tres sesiones para que haya un ciclo completo de sanación. A veces, cuando estamos cansados de hacer terapia y analizar las situaciones, lo único que nos pide nuestra alma es sentir paz. El reiki es ideal para eso. No tienes que hacer nada, solo tener un propósito en tu corazón y confiar en que el rayo de la iluminación hará su trabajo. También puedes meditar con la apofilita, una piedra muy poderosa. Ponla sobre tu tercer ojo o en la mano izquierda y medita con ella. Con la práctica te llenará de confianza y, desde ese lugar, te sentirás listo para lo que sea.

Apóyate en las esencias florales

Hay una mezcla de esencias florales que a mí y a mis seres queridos nos ha ayudado mucho en tiempos de dolor: rescate con espino blanco. Es una fórmula especial para los duelos, las crisis y las rupturas. Te ayuda a aliviar el dolor y el miedo, y a conectar con tu fuerza interior de una manera no invasiva, respetando tus tiempos y tus ciclos.

XVII
LE TOILLE

LA ESTRELLA

Asumo mi brillo

> ***Palabras clave:*** brillo, suerte, verdad, purificación, esperanza, fertilidad, lugar en el mundo, nostalgia, pasado, dar y recibir, generosidad, ecología, paraíso, feminidad, humildad, rodillas, sumisión, sacrificio, perdón, amor incondicional, Navidad.

Así como hay arcanos sobre los que proyectamos nuestros miedos más profundos, también hay otros que fascinan pues vemos en ellos una luz de esperanza. Sin duda, La Estrella es uno de ellos. Aunque popularmente su aparición en una lectura de tarot se ha asociado con la buena suerte y la fortuna, en realidad el trabajo que nos propone es mucho más profundo.

En la imagen aparece el primer personaje desnudo de los arcanos mayores: una mujer arrodillada en medio de la naturaleza. Tiene dos jarras, una la vierte sobre el río y la otra cae sobre la tierra. En el fondo hay dos árboles, en uno de ellos se posa un pequeño pájaro que nos anuncia con esperanza que algo está listo para florecer. A diferencia de las águilas macho y hembra que vimos en La Emperatriz y El Emperador, este pájaro está vivo. La conexión con lo divino es una experiencia. Los árboles, que pueden ser los mismos que sostenían a El Colgado, comienzan a dar nuevos frutos.

La mujer está en un escenario fértil y abundante. Sin embargo, no parece darse cuenta de lo que hay arriba de ella: siete hermosas estrellas alrededor de una estrella central que las dobla en tamaño. Pero ¿quién es la estrella aquí? La mujer, por supuesto. Rodeada de las estrellas del cosmos aparece la estrella más importante de todas: el ser humano.

Las estrellas del cielo componen nuestra propia constelación interior, son nuestro mapa de vida (por eso este arcano se relaciona tanto con la astrología). Popularmente se cree que cuando alguien muere su alma se convierte en una estrella que brilla eternamente. Incluso, hoy en día, cuando vemos una estrella fugaz, lo consideramos un buen augurio y pedimos un deseo.

Además, la luz de las estrellas es muy particular. Puede viajar durante millones de años para que podamos contemplarla. A diferencia de la luz del sol, no puede quemar. Tampoco puede destruir o aturdir como lo hace la luz del rayo de La Casa Dios. Este arcano aparece para pedirnos asumir nuestro brillo, expandir nuestra luz y poder manifestarla en el mundo. Reconocer nuestra estrella interior es empezar a vivir desde nuestra verdad, por eso la mujer está desnuda, porque no tiene nada que esconder. Ha sabido reconocerse.

Sin embargo, hacer este trabajo requiere compromiso espiritual y mucha disciplina. Estamos tan acostumbrados a identificarnos con nuestro ego que nos cuesta reconocer la luz que somos. En muchas ocasiones, le tememos más a nuestra luz que a nuestra oscuridad, con la que parecemos estar muy cómodos. Todos somos estrellas, pero algunos estamos dispuestos a asumirlo y otros no. Si cuando pasamos por La Casa Dios dejamos que esas viejas corazas se derrumbaran, nuestra estrella estará lista para nacer. Nada podrá detener su luz, a menos de que tus limitaciones mentales se interpongan en tu camino.

Con sus dos jarras la mujer lo entrega todo para convertir su territorio en un espacio fértil y sagrado. Si Templanza realizaba algún tipo de alquimia al mezclar una especie de energía entre sus jarras, La Estrella verterá el agua, símbolo femenino del eros, en un río que representa el flujo de la vida. De una de las jarras entregará sus dones masculinos y de la otra sus dones femeninos; es una danza de amor y paciencia entre Shiva y Shakti*, la emoción y la estructura, la espiritualidad y la materia.

La Estrella nos recuerda que nuestros sueños necesitan ser regados y cultivados. Si observamos la imagen, nos damos cuenta de que su vientre es prominente, símbolo de la fertilidad. Al entregar sus dones nutre al mundo y fertiliza sus proyectos. En su barriga también hay una clara referencia al centro de poder, el tercer chakra, donde se asienta su autoestima. Una estrella integrada acepta su cuerpo, se reconoce hermosa y asume su sensualidad. Una estrella en sombra tiende a tener una autoestima baja, se rige por los parámetros estéticos impuestos por la sociedad y juzga constantemente su cuerpo.

La presencia de este arcano anuncia que ha llegado el momento de asumir nuestros dones y talentos, pues todos son regalos del cielo. La mujer estrella puede estar embarazada o estar gestando una idea o una nueva conciencia. Lo cierto es que nos invita a entregarle algo al mundo porque, al hacerlo, compartimos nuestra luz con los demás.

Otro tema importante que plantea este arcano es la necesidad de encontrar un lugar en el mundo y de santificar el territorio que habitamos. Sin embargo, nos advierte que nuestro bienestar no depende de un lugar y que, estemos donde estemos, siempre veremos reflejada nuestra realidad interior. Estés donde estés, todo nace de ti.

---

*Según el hinduismo, el universo nace de la unión de dos deidades opuestas y complementarias: Shiva, que representa el principio de la energía masculina, y Shakti, que representa el principio de la energía femenina.

Santifica tu hogar interno para que encuentres ese lugar en el mundo donde puedas manifestar tu propósito.

También vale la pena analizar la posición de la mujer. Está arrodillada y una de sus rodillas toca la tierra, parece haber encontrado un lugar. Desde la luz, esta postura simboliza la reverencia, la humildad y la gratitud. Desde la sombra, es la sumisión y el sacrificio. La Estrella puede darlo todo, olvidándose de ella misma. Al enfocar toda su energía en el bienestar de los otros, va apagando su brillo. Pero el amor jamás exige sacrificios.

Por otra parte, se produce un desequilibrio entre el dar y el recibir. En ese sentido, este arcano puede reflejar a personas que lo dan todo o que no dan nada. También a personas que recurren, bajo la falsa idea del sacrificio, a una constante manipulación emocional de sus seres queridos. En relaciones de pareja puede indicar un desbalance entre la distribución de las tareas del hogar, los gastos económicos o el amor y la dulzura que cada uno entrega.

Otra peligrosa sombra de La Estrella son las pasiones en exceso y el vampirismo, el cual hace referencia a las personas que buscan alimentarse de la energía y el brillo de los demás. Al no tomar su propia estrella se aferran a la de otros y van chupando su energía. Además, este arcano nos habla de la nostalgia; tal vez por eso se dice que mirar a las estrellas es mirar al pasado. En La Estrella puede manifestarse un apego al pasado o a una situación emocional no resuelta. La nostalgia tiene que ver con una añoranza de lo que fue y está sostenida en la idea de que todo tiempo pasado fue mejor. La invitación será transformar esa nostalgia para conectar de nuevo con la esperanza, que es la vibración más alta de este arcano.

La Estrella también es el arcano de la Navidad, cuyo símbolo es justamente una estrella. Este arcano nos hace un llamado a entender el verdadero significado de esta celebración, una época para recordar que la estrella que buscamos no está arriba en el cielo: nace en nuestro cielo interno, donde refulge inmensamente.

Para finalizar, un aspecto muy bello de este arcano tiene que ver con su íntima relación con la naturaleza. La Estrella nos invita a descubrir los beneficios de las plantas, las esencias florales, la astrología, el reiki o el chamanismo. Si partimos del principio de que como es adentro es afuera, entonces la abundancia y la belleza de la naturaleza son solo el espejo de la abundancia y la belleza de nuestra estrella interior. Las dos son una misma conciencia, una luz que se extiende generosamente en el mundo.

Los caminos de LA ESTRELLA

El camino de la purificación

Para vivir desde la luz que somos, La Estrella nos pide realizar un proceso de purificación física, emocional y espiritual. Cuando nos purificamos, soltamos los lastres que cargamos, sacamos toxinas, dolores y negatividad. El camino de la purificación no debe confundirse con el de la sanación (en el que se une el proceso psicológico con la transformación espiritual). Este es un paso previo que vale la pena dar y que prepara a nuestro cuerpo físico y a nuestros cuerpos sutiles para empezar un proceso de sanación real. Algunas de las herramientas del camino de purificación son los baños con hierbas, la aromaterapia, las esencias florales, la alineación de los chakras y el reiki.

El camino de la reverencia

Cuando reconozco a los guías divinos que me protegen y conducen por la vida, reverencio con gratitud su presencia en mi camino. Al hacerlo, se genera un profundo agradecimiento por todo lo que nos rodea y todo cobra sentido. Desde la gratitud también conectamos con la abundancia y la paz, y podemos empezar a honrar nuestra propia luz y a valorar nuestros dones. El camino de la reverencia es un camino de humildad que nos conduce a entender que hay una inteligencia o conciencia más grande que nosotros y que, si nos entregamos, podemos sentir que estamos siendo guiados y protegidos a cada instante.

El camino del dar

La Estrella nos invita a conectar con la energía de la generosidad. Al dar lo recibimos todo y permitimos que el amor y la abundancia fluyan sin apegos ni exigencias. Si te fijas, las personas que son auténticamente generosas siempre son abundantes. Por supuesto, el dar no tiene que ver exclusivamente con el dinero; se trata de darle al otro desde lo que tienes, de compartir tus riquezas interiores y tus dones. De esa manera, puedes ofrecerle al mundo tu estrella y brillar.

Las preguntas de LA ESTRELLA

¿Cuáles son mis dones?
¿Cuáles expreso en el mundo y cuáles no?
¿Estoy en contacto con mi estrella interior?
¿Qué creencias o ideas tengo sobre mi propia luz?
¿Qué tanto doy y qué tanto recibo?
¿En qué empleo mi energía?

El cristal de LA ESTRELLA

La calcita dorada, porque purifica la energía y moviliza la confianza para conectar con la pasión del alma. Nos ayuda a meditar y a integrar la espiritualidad en la vida cotidiana.

De la mano de LA ESTRELLA

Tu estrella interior

Recuerda que la estrella eres tú. Pero no basta saberlo, hay que sentirlo y vivirlo. Así que te propongo un sencillo pero poderoso ejercicio. Siéntate con la espalda recta o acuéstate, como prefieras está bien, y lleva tu atención al plexo solar. Si quieres puedes poner ahí una calcita dorada, la cual moviliza las energías del plexo hacia el chakra raíz; además te ayudará a relajarte. Durante algunos minutos respira inflando la barriga, imaginando que tienes el vientre de La Estrella. Inhala y exhala profundo y lento mientras visualizas que una estrella dorada está dentro de tu plexo. Siente como crece y brilla con cada inhalación, y como su luz se expande a todo lo que existe con cada exhalación.

El poder del agua

La Estrella está íntimamente ligada al elemento agua, el cual nos ayuda a fluir y a sentir. Para esto te propongo tres acciones. La primera es tomar agua con intención. Bébela en un vaso de vidrio (evita el plástico), en el que puedas escribir las palabras amor, paciencia y fluir. El 70 % de nuestro cuerpo es agua, así que hazlo con conciencia y gratitud. La segunda es escuchar música con sonidos de agua. Solo acuéstate y fluye con el sonido. La tercera es hacerte un baño de purificación con hierbas. Hay uno que a mí me ayuda muchísimo a relajarme y entregarme. Es un baño de yerbabuena y manzanilla, con tres gotas de aceite esencial de lavanda. Antes de poner las hierbas a hervir, llévalas a tu corazón, habla con ellas y purifícalas con tu intención.

Explora tus dones

Tal vez ya tengas muy claro cuáles son tus dones, pero si no es el caso, haz una lista de todo lo que sabes hacer y te gusta, eso que realmente te apasiona y te hace vibrar, y de todo lo nuevo que quisieras aprender y realizar. Luego escribe cómo puedes comenzar a expresar tus dones en el mundo y concretamente qué puedes hacer. Puedes contarle a más gente lo que haces, abrir una cuenta en redes sociales o empezar a estudiar eso que tanto anhelas. Lo importante es que lo lleves a la acción, un pequeño acto mueve montañas.

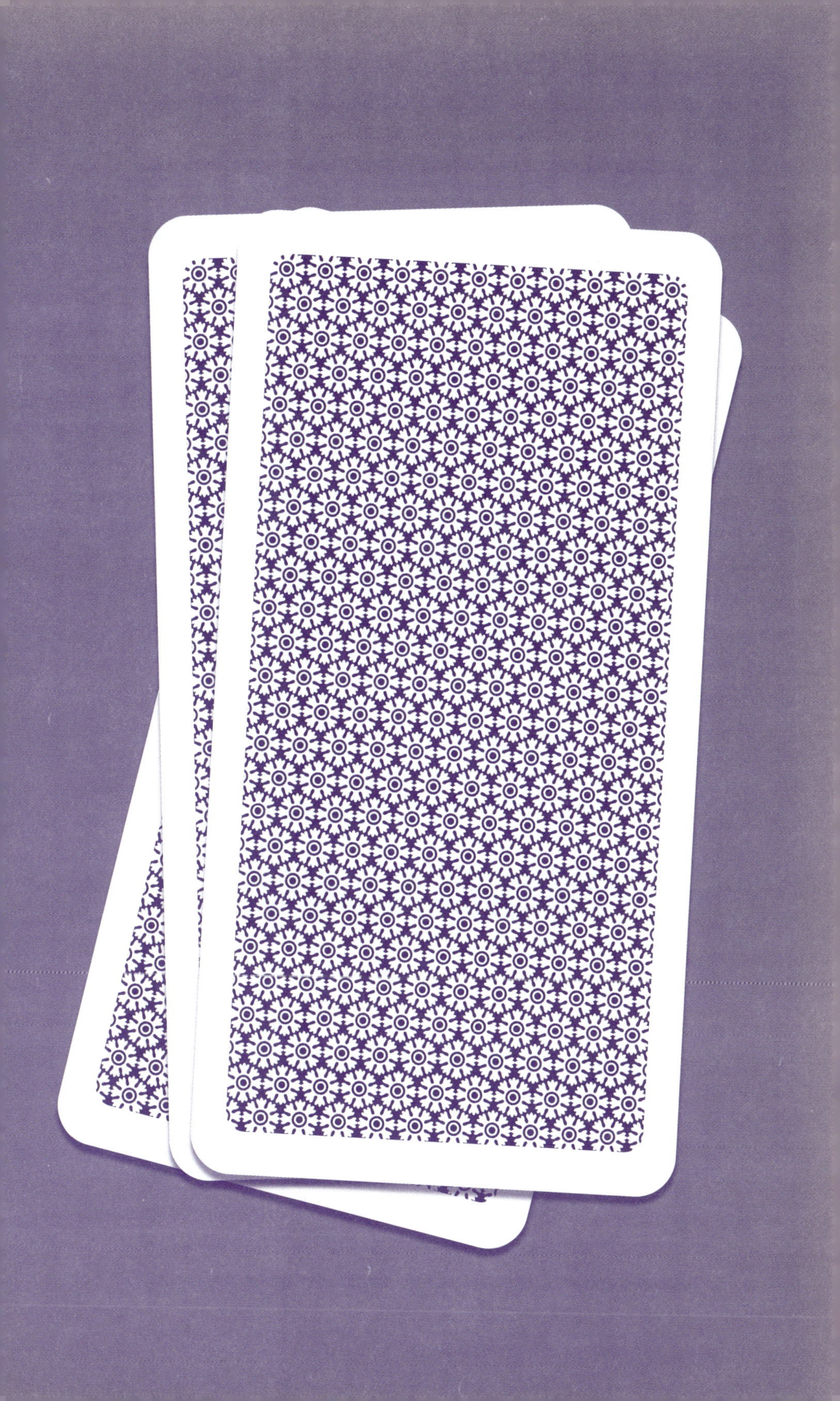

XVIII
LA • LUNE

LA LUNA

Me entrego al misterio

> ***Palabras clave:*** receptividad, inconsciente, sueños, madre cósmica, imaginación, tristeza, intuición, noche, superstición, nutrición, lo que está oculto, feminidad, locura, chupar energía, poesía, reflejo, clarividencia, ilusiones, océano.

La Luna está llena de belleza. Con su presencia y energía nos seduce y nos atrae hacia ella. Durante siglos ha fascinado a artistas y escritores, ha guiado a los navegantes que descubrieron nuevos mundos y ha inspirado a millones de amantes que han encontrado la pasión o el amor bajo el embrujo de su brillo. La Luna del tarot, además de seducirnos, nos propone un trabajo complejo que consiste en develar lo que está oculto en el inconsciente.

Lo primero que observamos en la imagen es que no hay una figura humana, solamente tres animales en medio de la noche. Arriba vemos a la diosa luna en fase creciente. No nos mira de frente, nos presenta un perfil que no parece de este mundo y que yo conecto de alguna manera con la cara de El Loco, quien podría ser el único capaz de develar sus misterios. La luna no tiene luz propia, pero puede reflejar la luz del sol en medio de la noche, así como el ser humano puede reflejar su luz en el mundo y compartirla con los demás. De esa manera, lo que estaba inconsciente se hace consciente, hay un proceso de transmutación, un despertar en medio de la noche.

Detrás hay dos torres que recuerdan el paso por el arcano dieciséis. Una torre tiene una puerta abierta y la otra la tiene cerrada. Las puertas representan los dos viajes que nos propone realizar este arcano. La que está abierta promete conducirnos al universo entero, la que está cerrada nos lleva hacia adentro: es la entrada del alma. La Luna nos recuerda de nuevo que como es adentro es afuera: el universo está contenido dentro del ser humano, y el ser humano en sí mismo es todo un universo. Detrás de ambas torres se presenta un mundo desconocido. No sabemos a dónde nos lleva su camino.

También hay dos animales, pueden ser dos perros o dos lobos (o un perro y un lobo, depende de la versión del tarot) que se alimentan de la energía de la luna. Para algunos un perro representa el espíritu y el otro la materia, para otros los animales simbolizan la energía de la procreación y la conservación. También se han visto como guardianes del mundo interior. Por ejemplo, Cerbero, el perro de tres cabezas, custodiaba la entrada a las regiones infernales en la mitología griega. Lo cierto es que ambos están siendo alimentados. Su mirada y atención está totalmente dirigida a la luna.

En la imagen también hay un estanque, que recuerda las olas y las mareas del océano por el movimiento de sus líneas, y dentro de él hay un cangrejo que busca salir a la superficie. El agua, que puede ser salada o dulce, pues los cangrejos habitan en ambas, es profunda. Simboliza el inconsciente del ser humano, lo que está oculto, lo que no vemos o lo que no hemos podido integrar, las creencias que cargamos y que están enterradas en las zonas más profundas del cerebro*.

En el tarot de Marsella, el cangrejo, un animal que cambia de caparazón, así como la luna cambia de fase, se impulsa hacia el astro. Está intensamente atraído por su magnetismo. Este animal, que tiene carne en el interior y huesos en el exterior, camina hacia atrás porque nos invita a volver al hogar, a nuestra esencia indestructible. Representa el regreso a la unidad. Al igual que el esqueleto de El Arcano Sin Nombre, lleva los huesos por fuera y nos empuja a vivir desde la verdad interior. El cangrejo busca salir del agua, un elemento que la luna mueve a su antojo y que se relaciona con la receptividad femenina, la madre y las emociones.

Según la mitología griega, cuando Hércules se enfrentó con la Hidra (el monstruo acuático de nueve cabezas), Hera (esposa de Zeus) hizo aparecer un cangrejo gigante con el fin de derrotar a Hércules. El animal lo mordió en los pies y los tobillos. Sin embargo, Hércules venció al cangrejo matándolo de un pisotón. Para agradecer su trabajo, Hera convirtió al animal en la constelación de Cáncer, la cual fue llamada por los caldeos y los babilonios "la puerta de los hombres", pues consideraban que, a través de ella, el alma descendía a este planeta para volver a encarnarse. Esto está íntimamente relacionado con La Luna, ya que también es el arcano de las vidas pasadas, de las herencias ancestrales y de los asuntos que traemos incluso antes de venir a este mundo.

Pero sigamos analizando la imagen, pues otro elemento clave es el estanque. Para mí, este siempre ha tenido una conexión profunda con el vientre materno, que es el primer lugar que habitamos en el mundo. Como haya sido ese lugar determinará en gran medida cómo nos paramos y nos movemos en la vida, y el tipo de relación

---

*Justamente en una lectura de tarot realizada correctamente se lleva a cabo el proceso que plantea La Luna: sale a la superficie lo que estaba oculto para iluminarlo con la luz de la conciencia.

que tengamos con nuestra madre. Por eso, una de las propuestas más hermosas de este arcano es trascender el arquetipo materno.

La Luna nos recuerda que elegimos a nuestros padres y que la madre que tenemos en esta vida es la que necesitamos para integrar los aprendizajes de esta encarnación. Conectar con la energía sanadora del arquetipo de la madre cósmica nos ayuda a escuchar al niño interior, a sanar viejos dolores y a tomar a nuestra madre desde un lugar de aceptación y amor. Aunque la relación no cambie, la percepción será completamente distinta y la sanación encontrará su lugar. En el tarot este trabajo se realiza a través de la vía de la madre: La Papisa, La Emperatriz, La Justicia y La Luna.

Para algunas mujeres la aparición de este arcano cuestiona fuertemente su maternidad. Muchas madres, deseando hacer lo mejor para sus hijos, se cargan con culpas y juicios; otras no logran asumir su maternidad, la ven como un sacrificio o como la perdida de la libertad. Es todo un trabajo el que nos propone La Luna. A mí, durante muchos años, me cuestionó mi deseo de ser madre. Crecí creyendo que no quería ser mamá. Mientras mis amigas se emocionaban con la idea de los hijos, yo no me entusiasmaba tanto.

Luego de casarme sentí que sí quería ser mamá porque adoro a los niños, escribo historias para ellos y realmente siento que los entiendo. Pero cuando intenté tener hijos nunca pude quedar embarazada. Aunque todos los exámenes salían perfectos, no lo lograba. Con el tiempo, eso me generó estrés y frustración. Sé que muchas de las mujeres que han pasado por ese proceso me entienden. Pasaban los meses y los años, y nada. No entendía porque Dios no me quería dar un hijo y hasta pensé en empezar costosos tratamientos de fertilidad que finalmente nunca realicé.

Hoy comprendo que todo pasó por una protección y un amor infinito del cielo. Después de tanto tiempo, hace unos años por fin pude aceptar que no quería tener hijos. Lo sané y pude perdonarme, pues la presión social que existe sobre la mujer es aún muy grande. Sanar el tema de la maternidad me ha liberado muchísimo, me ha llevado a honrar la vida que deseo y también ha exaltado mi feminidad.

Además, el agua del estanque simboliza las emociones que se reprimen o se desbordan, así como las tristezas profundas. Por eso, a menudo este arcano nos muestra el sinsentido de la vida o lo que popular y sabiamente se conoce como "la noche oscura del alma", un período difícil en el que las emociones nos mueven como si tuvieran la fuerza de las olas del mar.

Atravesar un período así trae mucho llanto y tristeza. Mal vivido puede generar grandes depresiones, soledad y desequilibrios psíquicos. También hace referencia a la esquizofrenia y a los intentos de suicidio. Cuando no hay sentido, nada importa, mucho menos la vida. Pero desde la luz, atravesar esa noche oscura nos lleva a descubrir que siempre hay bendiciones escondidas, que somos más fuertes de lo que imaginamos y que las emociones no son enemigas sino maestras que teníamos que escuchar. Según Jung, "no se consigue la iluminación por el hecho de imaginar figuras de luz, sino que se consigue al hacer consciente la oscuridad".*

Por otra parte, La Luna nos invita a abrirnos al poder de la intuición para conectar con la energía femenina. Nos pide ir más allá de lo conocido y entrar en contacto con el lenguaje de los sueños y la creatividad. En un mundo que le da tanto peso a la razón, este arcano viene a enseñarnos que escuchar nuestra intuición es hablar con la parte más íntima de nosotros mismos para reconocer que estamos conectados con la sabiduría divina. La intuición no es peligrosa. Por el contrario, nos da un inmenso regalo: la confianza en nosotros mismos, la certeza de que estamos unidos con la inteligencia que sostiene al universo.

Para mí, por supuesto, el tarot ha sido una de las vías más rápidas y poderosas para desarrollar mi intuición. No soy clarividente; como saben, no leo ni me interesa enfocar mis lecturas en el futuro,

---

*Sallie Nichols, *ibíd.*, p. 444.

pero sí sé con precisión qué necesita el consultante, cómo dirigir la lectura y dónde están los nudos. Lo sé porque lo veo en las cartas, ahí están todas las respuestas.

Otro aspecto importante de La Luna tiene que ver con la nutrición. Aquí surge de nuevo la madre, pues el primer alimento que recibimos en la vida es a través de nuestra madre. La leche materna, además de darnos todos los nutrientes que necesitamos, nos conecta con la abundancia. La manera en que nos nutrimos se relaciona no solo con la calidad de alimentos que consumimos, sino con los pensamientos y las emociones con los que nos alimentamos a diario.

La Luna está conectada con las mareas, los ritmos biológicos, la vida y la muerte, y los ciclos femeninos. En este arcano, la luna es creciente, porque algo se está gestando, tal vez el nacimiento de una nueva conciencia, de un niño, de una fuerza creativa o una intuición sin límites. Las gotas van hacia arriba, ascienden por su receptividad y su magnetismo, nos elevan hacia las alturas y transforman las emociones en creatividad pura.

Desde su sombra esas gotas pueden representar una energía insaciable, caos mental, emociones agitadas que no logran encontrar la calma, una relación toxica con lo femenino o un vínculo materno que no ha sanado. Pero desde su luz La Luna nos pide ir hacia adelante, entregarnos a la energía de la noche y al misterio de la existencia. Recuerda que cuando ella se oculta siempre llega el sol.

Los caminos de LA LUNA

El camino de la madre cósmica

Este camino te propone trascender la relación con tu madre para sanar el vínculo. La Luna te pide convertirte en tu propia madre, darte todo lo que necesitas, protegerte, escucharte y amarte. Para esto también te recuerda nutrirte con conciencia, cuidar de tu cuerpo y de tu espíritu, y alimentarlo con pensamientos y emociones amorosas. De esa manera, poco a poco irás conectando con la madre cósmica, la que siempre ha estado presente en tu camino, la que te da todo el amor y compresión que necesitas.

El camino de la intuición

Este camino te recuerda que la vida es mucho más de lo que conoces. Las dos torres que aparecen en la carta simbolizaban en la antigüedad el paso por el estrecho de Gibraltar; quienes lo cruzaban iban más allá de lo conocido, se aventuraban a descubrir un nuevo mundo y ponían a prueba su espíritu. El camino de la intuición te pide ir más allá de tus límites, salir de la zona de confort y entrar en un terreno que no es gobernado por la razón. La gente suele dudar de su intuición. Muchos creen que no es un lugar seguro, pero es todo lo contrario. La intuición te conecta con tu verdad esencial y es tu fuente de sabiduría. Para despertarla ayuda mucho meditar, realizar visualizaciones, estar en contacto con la naturaleza y abrirse a nuevos aprendizajes como el tarot, el reiki, los cristales o las runas.

El camino de las emociones

La Luna está conectada con el agua, elemento que rige las copas en el tarot y nos habla de nuestros vínculos y emociones. Este camino no es fácil de transitar porque sacude las emociones que están más enquistadas. Cuando estamos atravesando una luna, generalmente se manifiesta una profunda tristeza, lloramos mucho y sentimos un hondo dolor. El efecto de la luna es tan contundente que la única opción que tenemos es sentir. Aunque a veces nos abrume, el permitirnos sentir hace que drenemos eso que hace rato pesaba en el alma y pueda abrirse la puerta de la sanación.

Las preguntas de LA LUNA

¿Qué siento que no he podido ver o descubrir?
¿De qué me nutro?
¿Qué tanto escucho mi intuición?
¿Es fácil hacerlo o yo mismo(a) pongo obstáculos?
¿Qué me han enseñado mis momentos de mayor tristeza?
¿Qué significa para mí ir más allá?

El cristal de LA LUNA

La piedra luna, porque despierta
la intuición, la receptividad y la imaginación.
También nos ayuda a armonizar las emociones
y a conectar con la energía femenina.

De la mano de LA LUNA

Escribe tus sueños

Los sueños abren la puerta del inconsciente y son una de las vías más eficaces para conectar con la sabiduría interior y recibir los mensajes de nuestros guías. Te propongo tener un cuaderno de sueños. Puede ser que al principio solo recuerdes un par de cosas, no importa. Entre más escribas, más recordarás. Si lo prefieres también puedes hacer un dibujo de tu sueño. Lo importante es que tengas un medio para empezar a recordar las imágenes, historias y códigos que recibes mientras duermes. En tus sueños hay una información muy valiosa para ti.

Sigue tus ciclos

La Luna nos invita, sobre todo a las mujeres, a conectarnos con sus fases. Si eres mujer, empieza a llevar un calendario y a darte cuenta qué cambia en ti con cada fase de la luna, en qué momento tienes tu periodo (luna llena o nueva), cómo te sientes con tu menstruación, qué energía tienes cuando estás ovulando, cuándo te sientes más cansada y cuándo estás más abierta e intuitiva. Cada mujer lo experimenta de una manera particular, algunas se cansan más en luna llena mientras otras nos sentimos más energéticas. Descubre tu propio proceso. Esto te enseñará mucho sobre tus ciclos, tus ritmos y el manejo de tu energía. Si eres hombre, solo observa qué cambia en ti con cada fase lunar y qué tan conectado estás con tu energía femenina.

Flota en la oscuridad

Para experimentar este ejercicio tendrás que buscar en tu ciudad algún centro de flotación con gravedad cero. Cuando lo hice realmente sentí que estaba en el agua del estanque de La Luna y por eso me parece una práctica ideal para conectar con este arcano. Se trata de entrar desnudos a una cabina oscura que bloquea tus sentidos durante un poco más de una hora. El agua tiene una temperatura perfecta, no es caliente ni fría, tú solo te acuestas y te dejas ir. Vas a flotar porque el agua tiene 400 kilos de sal de Epson; es más densa que la del Mar Muerto. Hacerlo tiene muchos beneficios físicos, pero a mí me interesa más el emocional y el psíquico, pues por una parte simboliza el regreso al vientre materno, y por otra te permite explorar tu intuición y despertar tu creatividad en un lugar seguro donde estás alejado de cualquier estímulo externo. En el silencio descansas, te encuentras, atraviesas tus miedos y, lo más bello, permites que tu conciencia se expanda. Te elevas, como nos pide La Luna.

XVIIII
LE SOLEIL

EL SOL

Me reconozco como hijo de Dios

Palabras clave: **padre cósmico, fraternidad, alegría, energía, calor, fuerza creadora, humanismo, construcción, solidaridad, brillo, infancia, hermanos, pareja iniciática, inteligencia, rivalidad, sequía, idealización, abundancia.**

Si La Luna simboliza el arquetipo de la madre cósmica, El Sol representa el arquetipo del padre cósmico. Ambos son los amantes universales, las fuerzas femenina y masculina que danzan juntas en perfecta armonía. Pero en El Sol el ser humano pasa de ser un reflejo de luz, como lo fue en La Luna, a ser una fuente de luz. La luz que cargaba El Ermitaño en el farol se revela completamente en este arcano.

En la imagen un gran sol nos mira de frente y se muestra en todo su esplendor. Con sus rayos protege e ilumina a dos niños que parecen disfrutar de la vida. Son dos personajes que ya hemos visto antes. Estaban arrodillados en El Papa, luego desnudos y encadenados en El Diablo, después el rayo de La Casa Dios los rescató de la torre, y ahora aparecen libres y felices. Soltaron sus cadenas para reconocerse como seres inocentes. Aunque parecían ser polos opuestos, en realidad son uno.

Sin embargo, uno de ellos parece estar más avanzado que el otro, quien aún conserva un pequeño rabo. Pero no hay rivalidad: uno ayuda al otro a atravesar porque ambos han entendido que comparten la misma esencia divina. El Sol extiende sus rayos por igual porque el amor del padre cósmico no crea divisiones ni diferencias. Lo mismo sucede en la vida. Algunos van más avanzados que otros: han querido hacer con más conciencia su trabajo interior, pero eso no significa que sean mejores. Una de las energías que se manifiesta en El Sol es la de la solidaridad, la cual nos recuerda que el camino no lo hacemos solos y que, por lo tanto, el bienestar del otro también me incumbe.

Según Sallie Nichols, "el motivo de los niños gemelos es familiar en mitos y leyendas y aparece a menudo en nuestros sueños. Simboliza habitualmente un potencial creativo de proporciones inusitadas. Por ejemplo, Rómulo y Remo, hermanos gemelos fundadores de Roma. En los mitos americanos, dos figuras gemelas, una que representa los poderes celestiales y la otra las fuerzas del mundo inferior aparecen como creadores conjuntos del mundo. Otra pareja de gemelos famosos de la mitología griega, Cástor y Pólux, pueden verse todavía en nuestras noches, pues fueron inmortalizados al dar sus nombres a dos estrellas. Uno de estos hermanos representa al hombre y el otro a su opuesto celestial"*.

A través de los gemelos, El Sol nos habla de uno de los principios del camino espiritual: la ley del espejo. Esta ley nos recuerda que en esencia todos somos uno. Todo lo que me moleste, critique o juzgue en el otro, en realidad me está mostrando algo mío, aspectos sin resolver o temas que no quiero ver. Pero a la vez, todo lo que

*Sallie Nichols, *ibíd.*, p. 456.

me guste del otro, todas las cualidades que vea en él y toda la luz que encuentre dentro de él es porque también está en mí. Si puedo reconocerlo en otro, también puedo empezar a reconocerlo en mí.

Además, estos gemelos hacen referencia a la relación con nuestros hermanos de sangre y al verdadero amor de pareja. En El Sol surge la posibilidad de crear un vínculo espiritual: es lo que se conoce como la pareja iniciática. Dos seres que se unen con un propósito superior y son conscientes de que, al compartir el camino, cada uno se convierte en el mejor maestro del otro, en un espejo de aprendizaje permanente. La pareja iniciática sabe que el amor no es dependencia y pueden aceptarse y respetarse como seres libres y autónomos.

Muchas personas creen que una vida en pareja así no es posible y se identifican con una de las sombras de El Sol: la idealización. Quimeras nacen en la cabeza, imaginan relaciones al mejor estilo de las películas de Disney y sueñan despiertos con un amor perfecto. Pero en el fondo sienten que no es real y que es algo que solo puede pasar en el cine. Y es cierto. Cuando idealizamos jamás vemos al otro, no abrimos un espacio para un encuentro honesto en el que podamos tomarnos completos, con nuestra luz y nuestra sombra.

Pero, por otro lado, convencernos de que una relación en la que exista una verdadera conexión no es posible, es cerrarnos al amor. Por experiencia te aseguro que sí es posible, pero para llegar a una relación así tenemos que prepararnos, hacer un trabajo interior profundo y, sobre todo, saber que nuestro bienestar únicamente depende de nosotros. El problema es que pedimos desde la carencia y buscamos una pareja desde la escasez. Bajo esa premisa siempre arrancamos mal.

Yo nunca he necesitado una pareja. Cuando termino una relación no busco a nadie, no me siento ansiosa ni creo que me voy a quedar sola. Pero mis parejas han ido apareciendo porque estoy convencida de que los que tienen que encontrarse se encontrarán. Nada sucede por casualidad. Así que no te preocupes, cuando estés listo llegará la persona indicada. Pero si no te lo crees y si no sanas tus necesidades afectivas, el camino estará bloqueado antes de transitarlo.

Para muchas mujeres el asunto de la idealización está ligado a la figura paterna. Tienen tan idealizado a su padre que difícilmente se abren a la vida de pareja porque inconscientemente están buscando a alguien con las mismas cualidades de su papá. Pero nunca nadie es suficiente. Es un tema que hay que trabajar a profundidad porque impide, en la mayoría de los casos, el establecimiento de una vida en pareja. Es un sancocho emocional.

El Sol también es el arcano de la abundancia. Si te fijas, sus gotas, a diferencia de las gotas de La Luna, caen hacía la tierra, bañan a los dos personajes, son movidas por la fuerza de la gravedad y por el amor divino, confirmando que siempre hay para todos. Por otra parte, aunque El Sol es un arcano lleno de brillo, recuerda que cuando hay mucha luz y el sol está muy alto en el cielo, también hay más sombra y podemos verla con claridad.

Por lo tanto, este arcano nos ayuda a ver cuáles son los aspectos que permanecen en sombra. Pero no para realizar el trabajo que hicimos en El Diablo, sino para tomar por completo nuestra luz. Además, tanta luz puede quemar y producir sequías y muerte. Hay que saber irradiarla con sabiduría. O utilizarla de manera alquímica, como el ave fénix que se quema para volver a renacer de sus cenizas y volar muy alto hacia el cielo.

Otro aspecto clave de la carta es el muro que está detrás de los personajes y que genera una división con el pasado. Luego de la crisis vivida en La Casa Dios, se construye de nuevo, desde una conciencia que ha sido iluminada por El Sol. El muro también puede representar la protección de una tumba que está detrás de los ladrillos y que veremos aparecer en El Juicio. Se trata de un espacio de transformación de donde surgirá un ser resucitado. Según Elisabeth Haich, "el muro, detrás de las dos siluetas, representa una tumba, pero también una fundición, marco de las actuaciones alquimistas.

Esta tumba, esta fundición es el augurio de que de ahí saldrá oro, algo perfecto y vivo"*.

Durante siglos El Sol fue adorado por diferentes pueblos, como los egipcios, los chinos, los hindúes, los aztecas, los incas y los muiscas. Muchos lo reverenciaban como fuente de creación divina, dador de vida y reflejo de nuestra propia luz. A pesar de la existencia de la noche, las tormentas y los eclipses, el sol siempre está ahí. Su luz jamás nos abandona. Ha llegado el momento de aceptar que somos luminosos y eternos como un rayo de sol.

---

*Elisabeth Haich, *La sabiduría del tarot*, Barcelona, España: Ediciones Luciérnaga, 1994, p. 168.

Los caminos de EL SOL

El camino de la hermandad

El Sol es el arcano de los hermanos, tanto de sangre como de corazón, y nos invita a honrar la presencia de ellos en nuestra vida. Etimológicamente la palabra "hermano" significa verdadero, auténtico; es aquel que se muestra como es y que nos conoce como somos. Este camino es muy bello porque nos invita a ser auténticos en nuestras relaciones y a reconocer que, más allá de las diferencias que podamos tener en apariencia, todos los seres del mundo buscamos lo mismo: todos queremos ser felices y vivir en paz. Este camino nos pide empezar a ver al otro desde su luz, porque desde ahí siempre lo vemos desde su verdad. Y, al hacerlo, reconocemos la nuestra.

El camino de la luz

Este camino nos invita a comprometernos con la fuente de luz que somos y a entender que todo se gesta en nuestro interior. El Buda lo expresó sabiamente: "Todos los seres nacen iluminados, pero se necesita una vida entera para descubrirlo". En este camino, el ego siempre está presente. Seguirá habiendo tristezas y alegrías, salud y enfermedad, pero nuestro compromiso y atención estarán dirigidos únicamente hacia lo que es real. El camino de la luz no es fácil, pues requiere un compromiso mayor, pero es un sendero auténtico que vale la pena transitar si queremos honrar esta existencia. Aquí elegimos a nuestro acompañante de camino: el ego o el Espíritu Santo (divinidad, ser superior). Veremos todo con los ojos de uno o del otro.

El camino de la confianza

Quien confía está conectado con la fuente. Sabe que el amor y la paz de Dios son para todos y que nadie está excluido.

Desde esa confianza no le entrega el poder a lo que sucede en el mundo porque entiende que hay una fuerza superior que lo sostiene. Este camino también conecta con la abundancia y la certeza de que ya lo tenemos todo y de que nada nos va a faltar. Incluso en los momentos más complejos, sabemos que seremos sostenidos. Pero ¿qué es eso que nos sostiene? Es la vida misma que yace dentro de nosotros. Cuando conectamos con esa fuente de luz que somos, solo hay confianza. Recuerda, el sol siempre está ahí.

Las preguntas de EL SOL

¿Qué veo en el otro?
¿Cuál es la relación de pareja que anhelo cultivar?
¿Qué creo que me ha impedido hacerlo?
¿Qué me hace sentir abundante?
¿Qué ideas o creencias tengo sobre Dios?
¿Qué tanto reconozco mi luz?

El cristal de EL SOL

El diamante herkimer, porque nos ayuda a transitar el proceso espiritual de ascensión de la conciencia y a conectar con las más altas esferas de luz. Este cristal es muy poderoso. Su geometría es perfecta y su frecuencia es tan elevada que nos facilita entrar en sintonía con nuestros guías espirituales. Si no consigues este cristal, puedes trabajar con el topacio, que nos ayuda a comunicarnos con franqueza y a conectar con la abundancia y la alegría.

De la mano de EL SOL

Visualización de luz

Reconocer la luz que somos es un tema de toda la vida, pero entre más compromiso tengas con tu camino espiritual será más fácil hacerlo. Entre más espacios abras para la meditación, la observación de tus creencias y el deseo real de estar conectado con la fuente, más rápido vas a recordar que eres un sol en esta tierra y que viniste a irradiar tu luz a los demás. Aunque este es un proceso muy íntimo y propio, voy a proponerte una visualización para que empieces a reconocerte como fuente de luz. Puedes hacerla sentado(a) o acostado(a). Ten una vela prendida y ubícate en un espacio tranquilo. Puedes poner música relajante si quieres. Si puedes, ubica el diamante herkimer o el topacio en tu tercer ojo (si tienes ambos cristales te sugiero usar el topacio en el plexo solar y el herkimer en el tercer ojo). Respira profundo y visualiza cómo un sol radiante, inmenso y hermoso va descendiendo desde el centro del universo hasta tu coronilla. Siente e imagina que los rayos del sol se extienden desde tu coronilla a todo tu cuerpo; son tan poderosos que incluso salen del cuerpo y llenan toda la habitación en la que te encuentras. Y siguen y siguen creciendo, llenan con esa luz tu apartamento, tu edificio, tu barrio, tu ciudad, tu país, el planeta entero. Poco a poco te conviertes en ese sol. Ahora eres pura luz y comienzas a elevarte; vas a subir por el cielo hasta salir del planeta y volver al centro del universo. Te das cuenta de que no existe diferencia alguna entre el sol y tú. Te has convertido en esa fuente de luz. Siente la expansión.

El espejo

Recuerda que uno de los trabajos importantes que nos propone El Sol tiene que ver con la ley del espejo. Te recomiendo meditar o tener alguna práctica de conexión antes de hacer este ejercicio. Luego siéntate, con lápiz y papel y, siendo lo más honesto(a) posible, escribe qué es lo que más te molesta o irrita de... Haz una lista de, por lo menos, cinco personas con las que estás en contacto. Luego escribe que es lo que más admiras de ellas. Date cuenta de que todo eso es tuyo, así que dales las gracias por estar ahí y mostrarte un parte de ti que aún no has reconocido.

Fuego sagrado

El fuego es un elemento transformador y purificador cuando lo usamos con esa intención. Este sencillo ejercicio es muy poderoso. Escribe en una hoja todas las ideas limitantes que tienes sobre la abundancia, el amor y tu relación con la divinidad; no dejes nada afuera. Luego quémalas con la llama de una vela blanca. Deja esa vela en un lugar seguro, no la apagues, la idea es que esté encendida hasta que se consuma por completo. Después haz una carta que esté dirigida a ti mismo(a), hazla con mucho amor. Escribe cuáles son los nuevos compromisos que quieres adquirir contigo. Esa carta puedes enterrarla en la naturaleza. Si puedes entiérrala debajo de un árbol con un pequeño cuarzo rosa al lado, confiando en que eso que estás sembrando dará frutos. Luego suelta el resultado y confía. Termina el ejercicio realizando en la noche un baño de activación energética con romero, canela y unas gotas de aceite esencial de naranja o toronja.

XX
LE • IVGEMENT

EL JUICIO

Escucho el llamado de mi alma

> ***Palabras clave:*** juicios, llamado del alma, resurrección, familia, música, nueva conciencia, unión, gestación o parto difícil, buena nueva, vocación, gracia, dar vida, culpabilidad, discernimiento, necesidad de reconocimiento, dependencia de los padres, oración, entierro.

De la tumba alquímica que se construía detrás del muro de El Sol, surge un ser resucitado en medio de un hombre y una mujer desnudos. Pasó por un proceso de transformación que le permitió dar muerte a sus falsas identidades y ahora puede tomar la vida. Su cuerpo vive en el mundo físico, pero su conciencia se ha elevado y es una con la divinidad. Por primera vez, el ser humano se comunica directamente con la fuente de la iluminación. La mira de frente.

Un ángel con una trompeta se muestra en toda su magnificencia. Detrás de él florece un mundo nuevo que nos invita a explorar;

ya estamos listos para ver más allá del velo de La Papisa y experimentar la unidad. Al igual que El Sol, el ángel nos mira de frente. Gracias al sonido de su trompeta, el ser que estaba en la tierra renace de entre los muertos. Sin embargo, no se trata de un recién nacido, sino de un hombre que estuvo vivo en el mundo y ahora resucita. Su ego ha quedado doblegado por el poderoso sonido del llamado del ángel. Ahora acepta que hay un poder más grande que él mismo y se rinde ante el misterio de la existencia.

El sonido es una forma primitiva de comunicación y desempeña un importante papel en la creación. En el Génesis está escrito que en el principio fue el Verbo. Dios dijo: "Hágase la luz". El sonido de la palabra crea un universo entero. La vibración de la trompeta es tan intensa que convierte el espacio que hay detrás de los personajes en una tierra activa, llena de ondas por las que viaja el sonido de la vida.

Pero ¿qué sucede con los personajes de los lados? ¿Acaso ellos no escuchan la trompeta ni pueden ver el ángel? Yo creo que es posible que ellos ya hayan pasado por el proceso de resurrección o estén esperando su turno. Lo cierto es que, con las manos en postura de oración y gratitud, se alegran del nacimiento del nuevo ser, pues con él se establece un renovado orden en la existencia. Toda su energía está puesta ahí, saben que el logro de uno es el logro de todos. Si uno despierta, todos renacen a una nueva conciencia. No ven el ángel, pero no dudan de su presencia.

Este arcano nos ofrece varios caminos de interpretación. El primero tiene que ver con la vida y la muerte. El Juicio es el arcano de la resurrección: el hombre mortal renace para hacerse inmortal. El mensaje real del maestro Jesús era la resurrección, la comprobación de que no hay muerte y de que nuestro espíritu es eterno, pero el mensaje se tergiversó y la religión católica centró durante siglos el mensaje en la crucifixión, generando una cantidad de ideas erróneas sobre el sacrificio, el pecado, la culpa y la muerte.

Sin embargo, la clave está en la resurrección como llamado a la vida. El Juicio nos recuerda que, si nos perdemos en los mandatos de este mundo, fácilmente podemos convertirnos en muertos en vida resignándonos a trabajos o relaciones en donde somos infelices. Por eso Jesús dijo: "Deja que los muertos entierren a sus muertos" (Mateo 8:22).

El arcano de El Juicio nos llama a resucitar, a honrar la vida y a no conformarnos con llevar una existencia ordinaria, desconectados de nuestra alma. Si somos seres extraordinarios, lo mínimo que podemos hacer es tomar la vida que habita dentro de nosotros y desear, con todo nuestro ser, expandir nuestras conciencias hasta reconocer que somos uno con lo divino. Millones de almas malgastan sus vidas. Así que párate y vive, reconócete, sal del mundo de los muertos y despierta.

Asimismo, El Juicio nos habla de temas ligados a ancestros que trascendieron y de los que aún no somos conscientes o de familiares que han muerto y cuya partida aún sigue doliendo. También puede simbolizar una necesidad de ser reconocidos por nuestros padres y ser tomados en cuenta. Sentir que no hemos sido reconocidos o mirados tal como somos genera muchísimo dolor. En ese sentido este arcano nos propone un trabajo interior para empezar a soltar el peso de la mirada de nuestros padres y darnos a nosotros mismos el reconocimiento que ellos no pudieron darnos.

El segundo punto clave de El Juicio, y uno de mis favoritos, tiene que ver con escuchar el llamado del alma. El ser que surge de la tierra ha escuchado el sonido de la trompeta del ángel. En ese momento reconoce cuál es su propósito divino y se da cuenta de que siempre había estado ahí para él, esperando que llegara el momento en el que su conciencia estuviera lista para recibirlo.

Escuchar nuestro llamado es muy importante y nos trae una profunda paz y confianza. Muchas personas, cuando oyen las palabras "el propósito de la vida" se asustan y se llenan de estrés, porque casi siempre se ha planteado como una ardua tarea que hay que realizar para descubrir qué es eso que venimos a hacer a este mundo. Encontrar nuestra misión parece ser muy difícil y frustrante. Sin embargo, no es así. Escuchar el llamado de tu alma no requiere ningún esfuerzo: es algo que sucede naturalmente. Por supuesto, tienes que hacer tu parte y desear escuchar ese llamado, que ya está en ti. Viniste a este mundo con él, pero lo olvidaste en el camino. Cuando silencies todas las voces que no son tuyas lo sabrás con certeza en tu corazón.

Yo siento que el llamado que todos los seres compartimos tiene que ver con recordar quienes somos para permitirnos vivir desde nuestra magnificencia. Por supuesto, cada persona también tendrá un llamado específico. Además, el llamado del alma puede cambiar con el paso del tiempo. Pero cuando estamos listos, todo se alinea y se da. Por ejemplo, este libro. Siempre quise escribir un libro de tarot, pero creía que solo sería posible cuando fuera muy reconocida o tuviera miles de seguidores en las redes sociales. No fue así, porque en realidad no podemos controlar nada. A los veinte días de abrir mi primera cuenta en Instagram y Facebook, teniendo muy pocos seguidores, la editora de este libro apareció mandada por mis ángeles. Había visto algunos videos míos en Facebook y con eso bastó. Yo acepté el llamado y la vida respondió. La vida siempre responde.

Otro tema importante surge precisamente del nombre de este arcano, que hace referencia al juicio final. Según la Biblia, el sonido de la trompeta de Miguel se encargará de llamar al cielo a los justos y de mandar al infierno por toda la eternidad a los condenados. Sin embargo, la imagen de esta carta no da miedo; por el contrario, está llena de esperanza. Nos ratifica que Dios no juzga, que la idea de un Dios castigador y vengativo es falsa; nos aleja del amor y solo produce sufrimiento.

Los juicios jamás provienen de lo divino. Es el propio ser humano quien se juzga a sí mismo y juzga a sus hermanos, lo que genera separación y más juicios. *Un curso de milagros* asegura que "de los juicios procede todo el dolor del mundo". Cuando juzgo a otro me juzgo a mí mismo(a), dejo de reconocer la luz que nos habita y se distorsiona mi visión. Además, al juzgarnos a nosotros mismos creamos culpa. No somos culpables, pero sí somos responsables, tenemos libre albedrío para decidir, no lo que pasa en el mundo, pero sí cómo queremos verlo y vivirlo.

Este arcano nos hace un llamado muy importante: renunciar a todos los juicios. La culpa, el sacrificio y los juicios son caretas que sostienen una falsa idea del amor. Si Dios no te juzga no te juzgues tú, no seas el ejecutor de tu propia sentencia. No es fácil; esto es un trabajo de toda la vida, pero con la práctica vas a reconocer, cada vez más rápido, cuándo juzgas y desde dónde lo haces.

Tampoco te dejes afectar por el juicio de los demás. Muchas veces, las personas proyectan sus propias sombras y cargas sobre nosotros porque aún no han podido hacerse responsables de su camino. Así que ten discernimiento para saber qué escuchas y que no, de quién lo haces y de quién no. Los juicios de los otros hacia ti son solo eso: juicios y proyecciones. No caigas en esa trampa. Si hay algo que tengas que revisar en ti, hazlo, pero no les des más poder, no dejes que afecten tu mirada sobre lo que realmente eres.

El Juicio limpia el terreno para la aparición de la verdad. Lo que estaba oculto sale a la luz y ya no hay nada que esconder. El ser del medio renace tomando su masculino y femenino sagrado, escuchando a su alma y reconociendo que, en esencia, es inmune a la muerte.

Los caminos de EL JUICIO

El camino de la resurrección

Resucitar es despertar del sueño de la muerte y el dolor. Estamos tan conectados con la realidad dual en la que habitamos, que no creemos que sea posible relacionarnos con otra dimensión de la existencia. Cuando resucitamos dejamos el pasado y las ilusiones atrás, abrimos los ojos y podemos discernir qué es cierto y qué no lo es. Este camino nos pide desear una única cosa: la visión. Poder ver de verdad, no lo que el mundo quiere que veamos sino lo que en esencia somos. Cuando vemos es más fácil escuchar el llamado, dejar los juicios a un lado y vivir desde nuestra verdad.

El camino de la oración

El Juicio nos conecta con la verdadera oración, la cual conduce a la confianza y el discernimiento. Orar no significa pedir que suceda lo que queremos que suceda, no tiene que ver con hacer sacrificios y promesas. En la oración no se nos pide nada a cambio. Orar significa hacernos uno con la fuente divina, entendiendo que en realidad nunca sabemos que es lo que más nos conviene. Este camino nos pide confiar en la guía de nuestros guardianes y seres de luz. Cuando oramos podemos discernir con claridad. Sin ningún esfuerzo sabemos qué viene del miedo y del ego, y qué viene del amor y el ser esencial, qué es ilusión y qué es real. Orar es reconocer la luz que somos y el amor que nos rodea.

El camino de la escucha

El Juicio también es el arcano de la música, de la vibración esencial que habita dentro de nosotros y se expande por el universo entero. Pero para poder escuchar necesitamos callar. Este camino nos propone aquietar el ruido de la mente y hacer silencio.

Hablar menos y escuchar más. Al bajar la velocidad de la mente y de las palabras, podemos abrir un espacio seguro para empezar a escuchar nuestras necesidades. También se abre una puerta para encontrarnos con el otro desde la presencia plena. Desde este camino entiendo que lo que el otro necesita muchas veces no son mis palabras sino mi presencia atenta y amorosa. Cuando estoy presente de esa manera todo encuentro es sagrado.

Las preguntas de EL JUICIO

¿Cuál es el llamado de mi alma?
¿De qué manera me juzgo a mí mismo(a)?
¿Qué juicios tengo sobre la vida y los demás?
¿Qué me hace sentir culpable?
¿Qué se está despertando en mí?

El cristal de EL JUICIO

La labradorita dorada, porque nos alinea con el propósito del alma. Nos ayuda a salir de confusiones y fortalece la decisión de vivir desde la luz.

De la mano de EL JUICIO

La sanación a través del sonido

El Juicio nos recuerda que los sonidos son una poderosa puerta de sanación. Puedes acostarte y escuchar sonidos binaurales, como ya te he sugerido, o mantras sagrados; entre mis preferidos están el Gayatri mantra, el Om Namo Bhagavate Vasudevaya, el mantra de Tara Verde (diosa budista de la compasión) y el mantra Om Mani Padme Hum. Puedes buscarlos, escucharlos y también cantarlos. Tu vibración y la de tu campo energético cambiarán rápidamente. También te sugiero buscar a expertos dedicados a explorar la sanación con el sonido. A mí me encanta asistir a conciertos de sanación con diferentes cuencos tibetanos, cuencos de cristal, tambores e instrumentos de viento, como el didyeridú, en los que también está presente la voz. Son viajes a través del sonido con innumerables beneficios físicos, emocionales y mentales.

Renuncia a tus juicios

Si realmente quieres trabajar profundamente con este arcano, proponte renunciar a todos tus juicios. Sé que no es fácil, pero tampoco es imposible; se necesita mucha voluntad y observación mental. Para tener un poco más de método puedes anotar en una libreta tus juicios más recurrentes: hacia ti, hacia tus seres queridos y hacia el mundo. Y pídeles a tus ángeles que te ayuden a ver tus juicios. Recuerda que darse cuenta es un paso grandísimo. Cuando te das cuenta de la cantidad de juicios que rondan tu cabeza, puedes empezar a tomar nuevas decisiones. Es un proceso que necesita práctica, así que no te frustres, solo sigue haciendo el trabajo y confiando en toda la ayuda que tienes del cielo para lograrlo.

Escucha el llamado

Si ya sabes cuál es tu llamado, comprométete con él. Haz todo lo que tengas que hacer para seguirlo, no te distraigas de tu propósito y ten fe y paciencia. Tampoco te compares con otros, pues cada camino es diferente. Conéctate con la certeza de que el universo entero te apoya y de que el llamado de tu alma encontrará la manera de expresarse. Pero, si aún te cuesta saber cuál es tu llamado, puedes empezar a visualizar cuál es la vida que quieres manifestar. Cómo quieres vivir y cómo te quieres sentir. No es tan complicado y estoy segura de que vas a encontrar las pistas más importantes en las cosas que amas hacer, esas que te hacen sentir pleno(a). Para ayudarte durante este proceso puedes tomar una esencia floral conocida como *orquídea ser superior*, la cual te ayudará a comunicarte con tu maestro interior y los pedidos de tu alma.

XXI
LE MONDE

EL MUNDO

Celebro y agradezco lo logrado

> ***Palabras clave:*** **totalidad, conciencia, logro, conquista, expresión, danza, síntesis, asfixia, encierro, viajes, participación, vida social, éxito, plenitud, inicio difícil, nacimiento, fracaso, expansión, orden universal, holograma.**

El Mundo cierra un ciclo importante en el camino del tarot. Ha llegado el momento de celebrar lo que hemos conquistado. En este punto del camino, el ser humano ha experimentado que es uno con Dios. Sabe que en su interior está contenido el universo entero. En la imagen aparece un ser andrógino que no muestra su sexo. Tiene la cara, el pelo y el pecho de una mujer, pero las caderas y las piernas son robustas y fuertes. Lo femenino y lo masculino se han hecho uno, los opuestos finalmente se han integrado.

Sin embargo, su postura es compleja: apoya un pie mientras mantiene el otro en el aire. Pero no parece estar haciendo ningún esfuerzo. A diferencia de El Colgado, puede moverse espontáneamente.

Además, está envuelto por una mandorla o corona de hojas que se asemeja a la forma de un huevo o un gran ojo. Podríamos decir que la lemniscata (sombrero) de El Mago se ha convertido en un círculo infinito de conciencia. Según Alejandro Jodorowsky y Marianne Costa, "Cristo, la Virgen o los santos son representados a veces dentro de una figura ovalada. La mandorla (que viene de la palabra almendra) es a la vez un símbolo de eternidad y una forma que recuerda el sexo femenino"*.

Al igual que el arcano uno, el personaje tiene una varita mágica en la mano izquierda, símbolo de la energía activa, y un objeto con forma circular en la mano derecha, que representa la energía receptiva. El Mago se ha realizado. Su contacto con la luz no está mediado por la presencia de un gran ángel, la aparición de un rayo divino, las estrellas, la luna o el sol. La luz surge de él mismo.

Pero ¿qué pasó con los elementos y herramientas que El Mago tenía sobre su mesa? No desaparecieron, están integrados. Ya no están afuera, puestos sobre una mesa, por el contrario, son uno con la figura del centro, todos danzan y se complementan. En las esquinas aparecen un toro o un buey, un león, un águila y un ángel. Estas figuras representan los cuatro palos del tarot, las cuatro estaciones, los cuatro puntos cardinales, los cuatro signos fijos, mutables y cardinales del zodiaco, las cuatro esquinas del arca de la alianza, los cuatro evangelistas, los cuatro elementos y los cuatro aspectos del yoga: el *karma yoga* (yoga de la acción), el *gnana yoga* (yoga de la inteligencia), el *bahakti yoga* (yoga de la devoción) y el *kriya yoga* (yoga de la transformación energética). En el centro está la quintaesencia. La alquimia se ha llevado a cabo y el ser humano se ha iluminado. Ha recordado quién es y se encuentra de nuevo en su hogar.

Sin embargo, vale la pena analizar un poco a estas cuatro figuras, pues cada una de ellas nos habla de aspectos fundamentales del ser. Si uno de estos aspectos falla o no puede integrarse, el ser del

*Alejandro Jodorowsky y Marianne Costa, *ibíd.*, p. 277.

centro pierde su eje y su balance. Del toro o buey nacen los oros del tarot, símbolo del dinero, el cuerpo, la salud y el territorio. Nos llaman a alcanzar nuestra realización material y corporal, y a conectar con las energías de la estabilidad, la paciencia y la perseverancia. Están vinculados con el elemento tierra y el evangelio de San Lucas, el cual enfatiza el trabajo que Jesús realizó durante su paso por esta tierra. Del león nacen los bastos, símbolo de resurrección. Nos invitan a tomar nuestro poder, creatividad y sexualidad, y a realizar nuestras pasiones. Se relacionan con el elemento fuego y el evangelio de San Marcos, el cual relata la vida de Jesús desde su bautismo hasta su resurrección. Del águila nacen las espadas, que representan la realización y el vacío mental, la conciencia expandida y el poder emocional y espiritual. Son la muerte y la regeneración. Se conectan con el elemento viento y el evangelio de San Juan, enfocado en la naturaleza divina de Cristo. Por último, está el ángel (el quinto que aparece en el tarot), que representa las copas, símbolo de nuestras relaciones afectivas y de nuestras emociones, y de la búsqueda de la fraternidad universal. Se relacionan con el elemento agua y el evangelio de San Mateo, en el que se cuenta la genealogía de Cristo.

La imagen de este arcano evoca la representación del *Anima Mundi* o el Alma del Mundo (el dibujo de una mujer desnuda con rayos de luz que salen en todas las direcciones), de la que hablaron alquimistas y filósofos desde la época de Platón. Se decía que cada alma nacía desprendiéndose del *Anima Mundi*, la cual les da vida a todas las cosas en el universo: a la naturaleza, los animales, las estrellas y el ser humano. Esta idea nos recuerda que todos compartimos la misma esencia divina. No hay separación sino totalidad. Es la danza de la vida.

Para vivir desde la conciencia de unidad, El Mundo nos invita a integrar las cuatro energías básicas según la filosofía del tarot: oros, bastos, espadas y copas. Cuando todas están en orden y equilibrio, el ser humano puede alcanzar la plenitud en este mundo y salir de la ilusión. Desde su luz, este arcano comprende que el mundo es un holograma y que todo es una proyección. Ya no hay duda de la máxima hermética que nos entregó El Mago: "Como es adentro es afuera". También entiende que la paz y la dicha no son una búsqueda si no las condiciones necesarias para llevar una existencia plena.

Pero desde su sombra la historia es muy distinta. El Mundo se convierte en el mundo dual que todos conocemos y en un lugar inhóspito donde abundan la maldad, la pobreza, el dolor y la enfermedad. Podemos buscar eternamente un lugar en este mundo y anhelar ser reconocidos o sentirnos presos y asfixiados por sus demandas.

Todo se vuelve división y comparación. Es el mundo gobernado por el ego, donde se busca poder, gloria y riqueza. Las cuatro energías primordiales se distorsionan: el dinero se transforma en posesión, la fuerza creativa en abuso de poder, la mente sólida en juicios que condenan y separan, y el corazón en un centro frío que cree que necesita protegerse y administrar su capacidad de dar y recibir amor.

Se trata de un espacio sombrío, donde tenemos que luchar y demostrar constantemente nuestra valía. Nos convencemos de que para sobrevivir tenemos que seguir los mandatos del mundo. "Hay que ser alguien en la vida", parece ser una de las máximas de este paradigma. Pero ¿quién quiere vivir en un mundo así?

Como ves es un arcano complejo. Aunque fascina a los consultantes porque habla de realizaciones y es el arcano de la danza y de los viajeros, hay que saber cómo estamos experimentando este mundo. Muchos optan por retirarse del mundo, se hastían y deciden aislarse de todo, pero no lo hacen desde la sabiduría de un ermitaño sino desde la energía del rechazo, lo que termina dándole más fuerza al mundo de la separación. Aunque es una opción que puede traer sosiego por un tiempo, no es la invitación que nos hace este arcano.

Por el contrario, El Mundo nos asegura que es aquí donde tenemos que abrir los ojos. Observando las dinámicas absurdas de este mundo, yendo más allá del velo, responsabilizándonos de nuestras proyecciones y conectando con nuestro tesoro interior. Como te conté al inicio de este libro, la estructura del tarot concibe el tiempo como un suceso circular. Todo está sucediendo ahora mismo. Si es así, tu realización ya está garantizada. Solo tienes que estar dispuesto(a) a recordar.

Los caminos de EL MUNDO

El camino de la unidad

El Mundo nos confirma que todos somos uno. Aunque vivimos en un mundo dual que todo el tiempo nos muestra la otredad y la separación, este camino nos propone permanecer en un estado de conciencia en el que entendemos que todo lo que está en el mundo de afuera es tan solo una proyección de nuestro mundo interior. Al hacerlo, nuestra experiencia se transforma y podemos vivir plenamente en el presente, yendo más allá de las apariencias. Nos damos cuenta de que jamás hemos abandonado nuestro hogar. Dejamos de habitar el mundo de las ilusiones para habitar el mundo real.

El camino de la celebración

Este camino nos recuerda la importancia de la alegría y la celebración. El Mago sabía que la risa era necesaria para transitar el camino y en El Mundo nos entregamos a la celebración. Hacerlo es clave porque es una energía que nos permite reconocer todo lo que hemos logrado y dar gracias por lo aprendido para abrirnos a lo nuevo. Hay personas que no se permiten conectar con la energía de la celebración, pues se exigen demasiado. Pero vale la pena parar y darte cuenta de todo lo que has conquistado: puede ser una hermosa relación, el dinero para comprar la casa de tus sueños, un trabajo donde te sientes feliz, un emprendimiento que empieza a dar frutos o la disposición que has tenido para abrirte a una nueva práctica espiritual. Reconocerte y celebrarte es muy importante si deseas integrar este arcano.

El camino del viaje

El Mundo nos invita a viajar, a salir de los horizontes conocidos y a descubrir otras culturas. Cuando viajamos nos abrimos a la incertidumbre. Nuestro mundo conocido deja de existir y tenemos que poner a prueba nuestra flexibilidad y confianza. En los viajes entendemos que existen otras realidades y maneras de ver el mundo, que nuestro punto de vista es solo un punto de vista y que los millones de seres que habitamos este planeta deseamos ser felices y estar en paz. A mí los viajes me han enseñado muchísimo. Nunca los he visto como un gasto sino como una inversión en mí misma. Adoro viajar porque hacerlo expande mi visión, me ayuda a crecer, a entregarme y a desapegarme. Este camino te invita a realizar esos viajes que están en tu corazón. Si un lugar te llama es porque tiene algo para enseñarte.

Las preguntas de EL MUNDO

¿Qué creencias tengo sobre el mundo?
¿Qué poder tiene lo que sucede en el mundo sobre mí?
¿Cuándo florezco en el mundo?
¿Cuándo me ahogo en el mundo?
¿Qué siento que he realizado en mi vida?
¿Cuáles son esos viajes que mi alma me pide realizar?

El cristal de EL MUNDO

El cuarzo arcoíris, porque su altísima vibración nos ayuda a expandir la conciencia, a reconocer la unidad y la totalidad en todo lo que es y en todo lo que existe.

De la mano de EL MUNDO

Integra los elementos

Te propongo trabajar con los cuatro elementos: tierra, agua, fuego y aire. Para este ejercicio te recomiendo tener algún cristal, símbolo de la tierra; una vela, símbolo del fuego; incienso, símbolo del aire, y un vaso de agua, símbolo del elemento agua. Ubícalos en un altar o alrededor tuyo, como lo sientas está bien. A continuación, cierra los ojos, respira lenta y profundamente desde tu corazón e invoca al guardián del elemento tierra. Como lo imagines o lo sientas está perfecto. Entrégale cualquier bloqueo o dolor que sientas en tu vida material o en tu cuerpo físico. Luego llama al guardián del elemento fuego y entrégale tus frustraciones, tus rabias y cualquier bloqueo que sientas a nivel sexual o creativo. Después invoca al guardián del aire y entrégale tus pensamientos limitantes y todas las creencias que no son tuyas. Finalmente llama el guardián del elemento agua y entrégale todos los dolores que carga tu corazón. Respira, siente el efecto que esto tiene en ti y visualiza que desde el centro del universo aparece un rayo de luz blanca cristalina que entra por tu coronilla y te baña por completo. Esa luz llega hasta tus células y termina de limpiarte y renovarte para instaurar en ti el recuerdo de la divinidad.

Medita con el cuarzo arcoíris

La cuarentena ya había superado los 45 días cuando una noche, durante un sueño, se me mostró claramente que debería trabajar con el cuarzo arcoíris. Durante 21 días medita con este cristal y el arcano de El Mundo. Antes de empezar, observa el arcano, hasta que sientas que deseas cerrar tus ojos. Siéntate con la espalda recta, pon el cristal en tu mano izquierda e imagina que tú eres el personaje del centro y que una hermosa guirnalda te rodea. Siente cómo con cada respiración se va llenando de luz esa guirnalda (la luz que veas es perfecta) y sus rayos se van expandiendo a todo lo que existe. Se mueven hacia adentro, hasta llegar a tus células, y hacia afuera, hasta llegar a las estrellas. También puedes escuchar la vibración del OM durante la práctica, pero hazlo únicamente si lo deseas. Mantén esta visualización y respiración durante 11 o 21 minutos. Si surgen pensamientos, no pelees con ellos, eso solo les dará más fuerza; solo obsérvalos y déjalos pasar. Luego descansa con los ojos cerrados sintiendo la energía que fluye a tu alrededor.

Danza

El Mundo es el arcano de la danza y por eso te invita a conectar con algún tipo de baile que te guste o te intrigue aprender. Cuando bailes no pretendas llegar a ningún lado, solo concéntrate en dar un paso a la vez, entrégate al momento presente y ve creando tu propio balance. El universo entero vibra, permítete el movimiento, salir de la cabeza y sacudir tu cuerpo con otros ritmos y melodías. Bailar libera endorfinas, las cuales reducen el estrés y promueven sentimientos más positivos. Bailar es un arte y, para muchas culturas, también ha sido una forma de comunicarse con Dios. Nietzsche lo comprendió cuando afirmó: "El hombre despierto no camina, danza".*

---

*Marta García y García, *Arte y poder: Aproximación a la estética de Nietzsche*, Madrid: Editorial Trotta, 2004.

LE • MAT

LE MAT

Soy libre: no soy nada y lo soy todo

> ***Palabras clave:*** **viaje, libertad, genio, locura, imaginación, acción, peregrinaje, bufón, inestabilidad, esencia, energía divina, vitalidad, desapego, huida, rebeldía, sabiduría, aventura, irracionalidad, marginalidad, determinación, movimiento, presente, chamán.**

El Loco es la esencia misma del tarot. Está presente en todas partes. Tiene nombre, pero no tiene número ni residencia fija. Como el comodín de los juegos de cartas, puede aparecer en cualquier lugar y momento para cuestionar el orden establecido. Su presencia nos habla de la energía original de la creación y la energía divina que permea todo lo que existe.

A su lado se inicia un viaje sin tiempo. Se trata de un arcano cósmico y poderoso. Aunque no tiene ningún número escrito, se conecta con la vibración del cero, número del infinito y el cual se representa con un círculo. Ni el cero ni el círculo pueden modificarse, son indestructibles e indivisibles, como parece ser este personaje.

Su figura es particular. Su cara puede ser una máscara de bufón, no sabemos si es hombre o mujer y su traje está lleno de cascabeles. El Loco vibra con el universo; con cada paso que da produce un sonido esencial que lo conecta con el origen de la vida. Sus pies (que en la mayoría de las versiones del tarot son de color rojo) están activos, en contacto con la tierra. Su mirada está en el cielo, dirigida hacia lo alto. Camina sabiendo que no tiene una meta fija en este mundo y que, por lo tanto, no puede perderse. Su única meta es ser uno con el infinito y es hacia allá donde se dirige.

Para El Loco el viaje es el camino. No se apega a un único sendero, habita el presente y está abierto a recibir las enseñanzas que traiga la travesía. Para él, la idea de fracaso es imposible. ¿Cómo podría fracasar cuando es capaz de agradecer todo lo que le sucede y cuando entiende que todo tiene una razón de ser? Asimismo, parece que nada ni nadie pueden impedirle avanzar. Tampoco lo ata nada: ni sus vínculos afectivos ni sus posesiones. Mucho menos la idea de una nacionalidad, pues comprende que es un ciudadano del cosmos y que no existen fronteras que puedan definirlo. Con su bastón de peregrino, que ya habíamos visto en El Ermitaño, emprende el camino con vitalidad y energía.

Detrás de él hay un animal, posiblemente un perro, que pone las patas en la base de su columna vertebral. Algunos creen que el animal quiere retenerlo, otros piensan que lo ayuda a avanzar. Yo creo que el perro es su aliado y representa la comunicación con su propia animalidad. A los perros no podemos engañarlos, son amigos leales que nos enseñan la importancia de amar y ser fieles a nosotros mismos.

En la Odisea, por ejemplo, es únicamente Argos, el perro de Ulises, quien lo reconoce luego de veinte años de ausencia. Los perros saben quiénes somos y nos empujan, como lo hace el perro de este arcano, a reconocernos. La única compañía que El Loco puede aceptar es la del animal. El perro es el puente hacia el amor y el vínculo más puro que tendrá durante su paso por este mundo.

En la imagen también observamos que el personaje carga una pequeña bolsita. Es un ser que vive con lo esencial, se ha desprendido de las posesiones materiales y afectivas para transitar por la vida sin ninguna carga. Sin embargo, ¿qué lleva en esa bolsita? Aunque no lo podemos saber con certeza, vale la pena imaginarlo. Yo siempre he creído que carga lo único que en verdad necesita: un tarot.

El Loco representa un impulso vital y es un arquetipo que, tarde o temprano, todos necesitamos integrar. Históricamente diferentes culturas y sociedades han sabido la importancia de aceptar esta energía. Los romanos, por ejemplo, celebraban durante siete días —del 17 al 23 de diciembre— las Fiestas Saturnales en honor al dios Saturno. Realizaban un banquete público, se daban regalos y se entregaban a un ambiente de carnaval en el que se relajaban las normas sociales.

Durante la Edad Media se celebró la famosa Fiesta de los Locos (prohibida en 1435), la cual se llevaba a cabo los últimos y primeros días de cada año. En ella los clérigos, monjes, monjas y sacerdotes se disfrazaban de bufones, reyes y mujeres. También había un personaje al que llamaban el Papa de los locos. Danzaban, cantaban canciones picarescas, comían en el altar de la iglesia, jugaban a las cartas y los dados, se desnudaban y, en lugar de incienso, quemaban excrementos. Lo que se reprimía salía a la luz. El Loco, que no se somete a disciplina alguna y es amoral, aparecía en todo su esplendor. Se le abría un espacio para luego enfrentar la vida con otra energía.

Estas prácticas se han ido transformando, pero siguen presentes en los diversos carnavales y circos alrededor del mundo. A este personaje también lo podemos encontrar en los bufones de la corte, quienes cumplían la función de divertir al convertirse en una especie de *alter ego* del rey. El bufón reflejaba las extravagancias y caprichos del monarca para ayudarlo, de esa manera, a volver a su centro.

El Loco y yo hemos tenido una relación muy cercana. Cuando era muy chiquita, entre los tres y los seis años, me encantaba pintar las paredes y los muebles de mi casa. Mis papás nunca me regañaron, pero cuando me preguntaban quién lo había hecho, yo siempre respondía “fue el loco”. Cuando me pedían que recogiera los juguetes me negaba a hacerlo y les aseguraba que el loco me había dicho que no lo hiciera. En mi interior estaba convencida de que había un loco y de que era él quien me había invitado a pintar los muros de mi casa, a tirar los juguetes, a desordenar la sala o a llenarme la cabeza de jabón.

Me encantaba cuando el loco aparecía; para mí era un personaje divertido, que me empujaba a hacer travesuras y ser muy creativa. Creo que con el paso del tiempo me ayudó a tomar mi sombra y a quitarme conceptos rígidos sobre lo malo y lo bueno. Aun hoy, es uno de los arcanos que más aparecen en mis sueños. Estoy segura de que fue él quien me invitó a seguir el camino del tarot.

Para mí, El Loco también es el arcano de la libertad. Pero no se trata de esa idea de libertad bajo la que nos cobijamos cuando queremos hacer lo que nos da la gana. Ser libres es darnos cuenta de que siempre podemos elegir y comprometernos con la manifestación de esa vida que deseamos de corazón. Cuando soy libre reconozco mi soberanía y mi luz.

Además, este arcano representa la liberación de las imposiciones de la sociedad para seguir únicamente los pedidos del espíritu. Muchos lo consideran loco porque su vida no se basa en los condicionamientos de este mundo. Al ser consciente del presente y de que todo está unido, El Loco es originalidad pura. No piensa en el pasado ni en el futuro, pues sabe enfocar su energía.

Por supuesto, desde su sombra pierde su genialidad y se convierte en un tonto, un ser que no sabe hacia dónde va ni tiene propósito alguno. Es un ser marginal que vive peleando con el mundo o un desadaptado lleno de rabia e inconformismo. Su alma no encuentra reposo y su energía se dispersa. Su mente es incapaz de manifestar algo, porque ni siquiera sabe qué desea realmente. Tratando de escapar del mundo queda preso en sus mandatos.

Sin embargo, cuando El Loco vibra desde su luz, hay un principio creador que lo envuelve. Una infinidad de posibilidades se despliegan a su alrededor. Se da cuenta de que su identidad hace parte de todo lo que existe y de que su luz es inmortal. De él brota el origen de todas las cosas. No es nada, pero lo contiene todo. Como la esencia misma del tarot, nos impulsa a despertar.

Los caminos de EL LOCO

El camino de la exploración

Desde este camino El Loco nos invita a transitar nuevos senderos, a lanzarnos a explorar otras actividades, conocer nuevas personas, descubrir dones y vocaciones. En el camino de la exploración no hay una meta fija, solo existe el deseo de conocer otras realidades que puedan llevarnos a conectar con otra dimensión interior. Cuando salimos de los caminos conocidos para aventurarnos por otras rutas, nos ponemos a prueba y nos damos cuenta de los recursos que tenemos. Si hay algo que quieras aprender, El Loco te invita a hacerlo con fe; si hay algún lugar al que quieras ir, adelante; si hay un proyecto que deseas realizar, hazlo. Muévete por tu instinto y tu fe. Tú pones el ritmo. Si finalmente te das cuenta de que no era por ahí, no importa. Algo habrás aprendido. Recuerda hacer del viaje el camino.

El camino del empleo consciente de la energía

Este camino nos pide observar con conciencia en qué empleamos nuestra energía. Tu energía está dirigida a resolver problemas, a trabajar diez horas al día, a sufrir por todo lo que pasa en el mundo y a pensar en lo que no tienes. O está dirigida al respeto y el amor por ti mismo(a), a los proyectos que adoras, a los seres que amas, a tus espacios sagrados y a eso que ya tienes en la vida y por lo que das gracias. De la manera en que emplees tu energía dependerá en gran parte la fuerza vital que tengas para manifestar lo que deseas.

El camino de la austeridad

No confundas este camino con la pobreza y la escasez. Por el contrario, la austeridad nos conecta con la abundancia y la confianza de que nunca nos faltará nada. Así que suelta lo que te pese y entrega lo que no necesitas. El Loco nos recuerda que no somos nuestras posesiones materiales y que podemos vivir más ligeros, únicamente con lo que sea esencial para cada uno de nosotros. Desapegarnos de los objetos, de la ropa o de las posesiones aliviana las cargas y moviliza la energía. También nos conecta con el desapego y la generosidad, y nos recuerda que el poder no está en lo que tenemos.

Las preguntas de EL LOCO

¿Qué es para mí la libertad?
¿En qué empleo mi energía? ¿Cómo está mi energía vital?
¿Qué nuevos caminos deseo recorrer?
A la hora de querer transitar un nuevo camino, ¿qué miedos aparecen?
¿Qué objetos o posesiones ya no necesito?

El cristal de EL LOCO

El cuarzo maestro, porque nos recuerda que somos luz. Además, aporta armonía y nos conecta con la sabiduría y maestría interior.

De la mano de EL LOCO

Encuentra lo esencial

Sé lo más honesto(a) que puedas y escribe qué es realmente lo esencial para ti. Si tuvieras que elegir qué llevar en una bolsita como la de El Loco, qué elegirías. Cuáles son esas personas, objetos o maneras de ver la vida sin las que no podrías continuar tu camino. Escribe todo lo que te llegue. Luego empieza a depurar la lista y deja solo cinco opciones, no más. Escríbelas en un papel y guárdalas en un objeto que represente para ti la bolsita de El Loco. Puede ser una caja, un envase que tú mismo(a) diseñes o una linda bolsa. También puedes pintar un frasco y escribir "Esencial" o "Los esenciales de (escribe tu nombre)". Cada vez que te sientas abrumado(a) o perdido(a), lee lo que escribiste. Cuando tenemos claro qué es lo esencial para nosotros, no transigimos con nada ni con nadie. Nos amamos y respetamos tanto que es imposible hacerlo.

Camina sin rumbo fijo

Esta no es una caminata como la de El Ermitaño, pues su energía y su propósito es muy diferente. Anímate a perderte y camina, por lo menos durante una hora, sin rumbo fijo. No planees nada, deja que cada paso te vaya llevando por diferentes caminos e intenta permanecer en el presente. Explora una nueva estructura de recorrido: ve por rincones y calles por los que no sueles pasar, observa la arquitectura de edificios en los que casi nunca te fijas, las caras de las personas con las que te cruzas, los colores y los diversos olores. Camina con libertad, a tu ritmo, y observa qué sucede dentro de ti.

Aquí y ahora

Desde su genialidad, El Loco siempre habita el presente. Estar en el presente es un reto de todos los días y conlleva práctica. Este ejercicio ayuda a que tu mente se estructure de otra manera. Durante cinco o diez minutos solo observa. Siente cómo está tu cuerpo, si hay alguna zona que te duela o incomode en ese momento, aguza el oído y escucha los sonidos, huele los olores y siente los sabores que hay en tu boca.

Conectarse con los sentidos es una manera fácil y rápida de ir al presente. También el enfoque en la respiración. Cuando prestas atención al ritmo de tu respiración y a la temperatura del aire, entras inmediatamente en el presente, la mente se aquieta y la energía se ordena.

LEER LAS CARTAS: TÚ Y EL TAROT

A continuación, encontrarás nueve tipos de lecturas que puedes realizar cada vez que lo sientas. La idea es que comiences a integrar los arcanos en tu día a día y a recibir sus mensajes. Entrar en el camino del tarot es aventurarse a aprender un nuevo lenguaje y adquirir una nueva estructura de pensamiento, así que no te presiones y empieza poco a poco a relacionarte con las cartas. Permite que la información vaya asentándose y confía en la guía de los arcanos y en tu intuición.

Como te dije al comienzo del libro, no uses el tarot para adivinar el futuro, no vale la pena. Ese tipo de lecturas no aportan nada y pueden desviarte de lo verdaderamente importante: entrar en ti. No puedes conocer el futuro, pero sí puedes conocerte a ti mismo(a) y responsabilizarte de tu destino. Haz que cada lectura sea un importante encuentro contigo mismo(a).

Por favor, antes de realizar cualquiera de estas lecturas, date cuenta de que todas las cartas estén en la misma posición. No mezcles el mazo con unas cartas al derecho y otras al revés, ya que, como sabes, las lecturas con cartas invertidas nos mantienen en la dualidad. Cuando lo hayas hecho, toma los arcanos mayores y mézclalos; si lo deseas, ponlos unos segundos en tu corazón, conecta con tu intención y saca las cartas. No importa si lo haces con la mano derecha o izquierda, el inconsciente nunca se equivoca.

Espero que estas lecturas iluminen tu camino y que los arcanos se conviertan en una experiencia de vida, en una hermosa ventana hacia ti mismo(a).

Tu arcano natal

Conocer tu arcano natal es muy importante. En mi caso, mi arcano natal, El Carro, me ha planteado un trabajo interior para toda la vida. Como sabes, cada arcano es un universo, así que puedes desarrollar a fondo tu propósito de vida a través de tu arcano natal*, el cual va a reflejar algunos aspectos de tu personalidad, lo que vienes a trabajar e integrar, tus bloqueos y tus dones. Brillas cuando tomas toda la luz de tu arcano natal, así que una vez lo descubras proponte trabajar con él a conciencia.

Para saber cuál es tu arcano natal tienes que sumar tu fecha de nacimiento. Si el valor es de 1 a 22 (siendo 22 el arcano de El Loco) no lo reduces, si es más de 22 vas a reducirlo.

Por ejemplo, si naciste el 12 de septiembre (mes nueve) de 1951, sumas: 1+2+9+1+9+5+1=28.

Así que lo reduces: 2+8= 10. En ese caso tu arcano natal será La Rueda de La Fortuna.

Si naciste el 1 de febrero de 1980, sumas: 1+2+1+9+8+0=21. En ese caso tu arcano natal será El Mundo.

---

*El arcano natal no es el mismo arcano del año. De acuerdo con la numerología del año en curso, tenemos un arcano que nos invita a realizar un trabajo espiritual específico durante 365 días. El arcano del año cambia cada año, mientras tu arcano natal te acompaña toda la vida.

Lectura amor / miedo

Esta lectura es muy poderosa y, sin duda, es una de mis favoritas. Nos ayuda a ver claramente cómo vivimos una situación o relación cuando estamos vibrando desde el amor y cómo cuando lo hacemos desde el miedo.

1. Saca una carta que te represente y ubícala en el centro.
2. Al lado izquierdo pon una carta que represente cómo vives esta situación desde el amor.
3. Al lado derecho pon una carta que represente cómo vives esta situación desde el miedo.

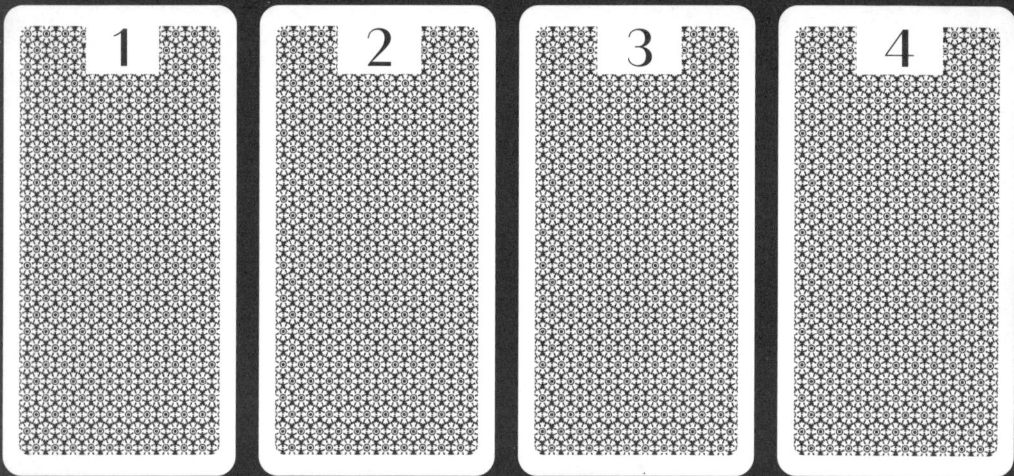

Descubre tus dones

Los arcanos mayores nos traen mucha luz sobre nuestros dones y nos ayudan a compartirlos con el mundo. Mezcla las cartas, ponlas en tu corazón y saca cuatro arcanos.

1. Representa el don del que eres más consciente, el que tienes más integrado.

2. Representa un don que aún no reconoces o que mantienes oculto.

3. Representa un don que quiere expresarse a través tuyo.

4. Representa el camino que te propone el tarot para integrar esos dones.

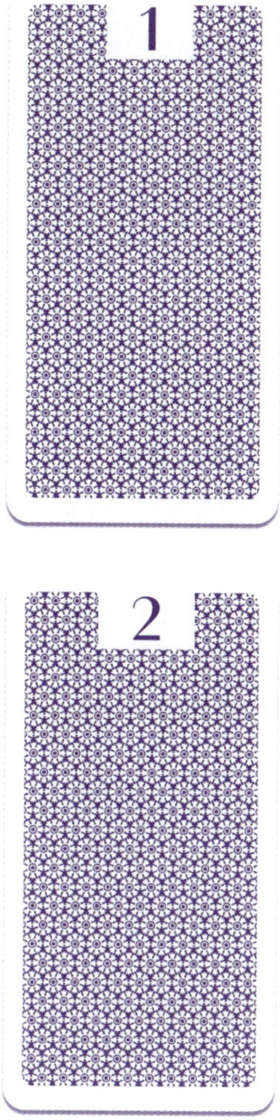

El mensaje de los sueños

El tarot es un aliado maravilloso para trabajar con nuestros sueños. Cuando sueñes algo inquietante, que te dé curiosidad o que sientas que es importante, y quieras develar parte de su misterio, haz esta lectura.

1. Saca una carta que simbolice lo que el sueño quiere comunicarte.

2. Saca otra que te muestre la vía que te propone el tarot para realizar el pedido del sueño.

Tú y tus vínculos

Esta lectura va a ayudarte a tener más claridad sobre tus vínculos. Puedes hacerla preguntando por tu pareja actual, alguien con quien comienzas a salir, un amigo, un familiar e incluso un jefe. Esta tirada de cartas se enfoca en ti, no en el otro, pues no podemos adivinar ni saber qué siente ni qué piensa esa persona, pero sí cómo estás tú frente a ese vínculo. A menudo las personas quieren preguntar por el otro, pero eso es poner el poder afuera. Todo está en ti y es ahí donde hay que entrar.

1. Saca una carta que represente
cómo estás tú frente a la relación.

2. Saca una carta que represente
lo que no estás viendo de esa relación.

3. Saca una carta que represente
cuáles son tus recursos en la relación.

4. Saca una carta que represente
la enseñanza que te trae esa relación.

5. Saca una carta que represente
qué te pide tu alma en esa relación.

3
4
1
2
5

Los pedidos de la luna

Las fases lunares van marcando nuestros procesos internos. Con cada luna nueva se abre un momento para sembrar y con cada luna llena uno para cerrar ciclos.

1. Si es luna nueva, saca una carta y pregunta qué te pide sembrar esa luna.

2. Si es luna llena, saca una carta y pregunta qué ciclo te pide cerrar o qué necesitas soltar durante esa luna.

3. También puedes preguntar con qué arcano necesitas trabajar durante esa fase lunar para que se te facilite sembrar o soltar eso que necesitas.

1

¿Dónde está el nudo?

Los nudos son bloqueos, la mayoría de las veces inconscientes, que no nos permiten realizar lo que queremos. Identificar cuál es el nudo es clave en el proceso de sanación. Además, nos permite avanzar y llevar luz a aspectos que aún no han sido reconocidos.

1. Saca una carta que te represente a ti en este momento presente.

2. Saca una carta que simbolice qué es lo que realmente quiere tu ser.

3. Saca una carta que represente qué bloqueo interior te impide conseguir eso que anhelas. Esa carta será clave, pues develará cuál es el nudo.

4. Saca una más que represente el camino de sanación que te sugiere el tarot frente a esta situación.

1
3
2
4

2
3
4
1
5
6
7

Sal de la encrucijada

Esta lectura puede serte muy útil cuando no sepas qué camino elegir o te cueste tomar una decisión.

1. Saca una carta que te muestre cómo estás tú frente a ambas opciones.

2. Saca una que te muestre de dónde vienen tus dudas y tu incapacidad de elegir.

3. Saca una carta que represente la primera opción.

4. Saca una carta que represente la segunda opción.

5. Debajo de la primera opción pon una carta que te muestre cómo se presenta ese camino.

6. Debajo de la segunda opción pon una carta que te muestre cómo se presenta ese camino.

7. Saca una carta que represente el pedido de tu alma frente a esta posible encrucijada.

Lectura de El Mundo

Recuerda que en El Mundo se unen las cuatro energías básicas del ser humano, según el tarot. Esta lectura, basada en la estructura de este arcano, te ayuda a ver cómo están tus cuatro energías y si hay alguna que no esté fluyendo en tu vida.

1. Saca una carta que te represente a ti. Cómo estás tú frente a esas energías.

2. Saca una carta que te muestre cómo está tu vida material y tu salud.

3. Saca una carta qué te muestre cómo está tu vida sexual y creativa.

4. Saca una carta que te muestre cómo está tu vida intelectual y espiritual.

5. Saca una carta que te muestre cómo está tu vida emocional.

6. Saca una carta que te muestre qué puedes hacer para integrar esas cuatro energías (este es el trabajo interior que te propone el tarot).

5
4
1
6
2
3

EL TAROT Y EL VIAJE DEL ALMA

Un viaje de mil millas comienza con un solo paso.

—Lao-Tse

En este momento has culminado el primero de muchos viajes por los 22 arcanos mayores del tarot. Se trata de un primer paso, pero sin duda es uno de los más importantes. Aquí no termina nada, por el contrario, todo comienza. Todas las posibilidades se te ofrecen en este instante, pero dependerá de ti tomarlas o no: decidir si quieres integrar estos 22 arcanos (estados de conciencia) y realizar el camino de transformación que te proponen.

Caminar con el tarot es comenzar a despertar y por eso siempre he creído que este es un sendero para valientes. Los arcanos nos piden ir profundo para observar lo que no queremos observar y asumir nuestra soberanía y libertad. El tarot no es una herramienta invasiva, te llevará tan lejos como tú lo permitas. Te recordará que siempre puedes elegir de nuevo y que el poder está dentro de ti.

Este sendero también te plantea un nuevo lenguaje basado en imágenes y símbolos. No te angusties ni te desanimes si al comienzo te cuesta acercarte a los arcanos. No te afanes, respeta tus tiempos y, sobre todo, confía en que, si haces el trabajo, los arcanos te hablarán. Hacen parte de ti, son tu espejo, es imposible que no lo hagan. Sin embargo, a medida que vayas avanzando en este camino te llevarán más profundo. Confía en tu intuición y en la relación única que solo tú puedes establecer con estos 22 aliados.

Recuerda usar este regalo espiritual como la herramienta sagrada que es. Deseo de corazón que valores este camino de unidad y que vivas los arcanos con la conciencia más alta y expansiva que puedas. El encuentro con el tarot es un amoroso encuentro contigo mismo(a). Como lo mencioné en la introducción, nos conduce a despertar del sueño de este mundo.

Te estás reencontrando con el tarot porque tu alma está lista para recordar y emprender este viaje de nuevo. Disfruta el camino y ten la certeza de que, suceda lo que suceda, la divinidad siempre está contigo.

Gracias

Termino este libro con lágrimas en los ojos y el corazón lleno de gratitud. Gracias a mis guías y a la sabiduría de los arcanos mayores por permitirme escribir estas páginas. Gracias a mis padres por su generosidad, por respetar mi libertad, expandir mi mundo y mostrarme que todo es posible. Anis: una de mis mayores fortunas es tenerte como hermana y compartir este fragmento de vida contigo. Fabi: gracias por tanto, amor mío. Tu presencia solo ha traído luz a mi vida. Maxi: mi maestro peludo, mi perro maravilla. En las horas más oscuras siempre has hecho dulces mis días. Carolina: sin ti no hubiera sido posible este libro. Sé que los ángeles te pusieron en mi camino. Paula: gracias por ayudarme a recordar.

Gracias a toda la comunidad de @tarotalexaesencial, y a mis consultantes y estudiantes por ser valientes y atreverse a recorrer el maravilloso camino del tarot.

Bibliografía

Dispenza, Joe. *Deja de ser tú*. Carlsbad, CA, Estados Unidos: Hay House, 2012.

García y García, Marta. *Arte y poder: Aproximación a la estética de Nietzsche*. Madrid: Editorial Trotta, 2004.

Haich, Elisabeth. *La sabiduría del tarot*. Barcelona, España: Ediciones Luciérnaga, 1994.

Jodorowsky, Alejandro y Marianne Costa. *La vía del tarot*. Barcelona, España: Random House Mondadori, 2006.

Nichols, Sallie. *Jung y el tarot: Un viaje arquetípico*. Barcelona, España: Editorial Kairós, 1988.

Pinkola, Clarissa. *Mujeres que corren con los lobos*. Barcelona, España: Ediciones B, 2005.

Renard, Gary. *Tu realidad inmortal*. Barcelona, España: El grano de mostaza, 2010.

Sadhguru. *Ingeniería interior, guía yogui para la alegría y el gozo*. Madrid, España: Gaia Ediciones, 2018.

Un curso de milagros. Mill Valley, CA, Estados Unidos: Fundación para la paz interior, 1976.